새로 읽는

창세기

새로 읽는 창세기

지은이 | 박성현
초판 발행 | 2023. 3. 22.
등록번호 | 제1988-000080호
등록된 곳 | 서울특별시 용산구 서빙고로65길 38
발행처 | 사단법인 두란노서원
영업부 | 2078-3352　FAX | 080-749-3705
출판부 | 2078-3331

책 값은 뒤표지에 있습니다.
ISBN 978-89-531-4444-6　03230

독자의 의견을 기다립니다.
tpress@duranno.com　　http://www.duranno.com

두란노서원은 바울 사도가 3차 전도여행 때 에베소에서 성령 받은 제자들을 따로 세워 하나님의 말씀으로 양육하던 장소입니다. 사도행전 19장 8-20절의 정신에 따라 첫째 목회자를 돕는 사역과 평신도를 훈련시키는 사역, 둘째 세계선교(TIM)와 문서선교(단행본잡지) 사역, 셋째 예수문화 및 경배와 찬양 사역, 그리고 가정·상담 사역 등을 감당하고 있습니다. 1980년 12월 22일에 창립된 두란노서원은 주님 오실 때까지 이 사역들을 계속할 것입니다.

새로 읽는 **창세기**

박성현 지음

두란노

목차 —————————————————————————————

창세기가 모세 5경 중의 하나라는 사실은 우리 모두가 알고 있습니다. 따라서 창세기는 모세 시대, 더 확실히 하자면 40년 광야 생활 동안에 기록되었습니다. 400년의 이집트 노예 생활 끝에 탈출한 후 듣는 이 말씀이 이스라엘 백성에게 얼마나 경이로운 것이었을까 상상해 봅니다.

박성현 교수의 《새로 읽는 창세기》는 우리를 그 광야로 초대합니다. 그리고 그 시대, 그 배경을 가진 사람들 옆에 앉아 창세기를 새로운 눈과 귀로 읽고 듣게 합니다.

당시 이집트 사람들은 세상은 신들의 것이고, 신들이 인간을 노예로 부리기 위해 만들었다고 믿으며 살았다고 합니다. 그 노예들의 노예로 살게 된 이스라엘 백성의 삶은 얼마나 비참했을까요. 하지만 창세기는 창조주 하나님이 인간을 만드셨고, 그들이 이 세상을 다스리고 정복하도록 하셨다고 선포합니다. 고대 근동이 신이라고 여기며 숭배했던 세상의 모든 것들은 단지 피조물일 뿐이라는 모세의 가르침에 이스라엘 백성은 큰 놀라움과 감동과 자부심을 갖게 되었을 것입니다.

이 책을 읽는 독자들 또한 세상의 왜곡된 가치관과 낮아진 자존감에서 벗어나 하나님의 형상대로 지음 받은 사랑받는 자녀, 이 세상을 다스리고 축복하기 위해 부름 받은 왕 같은 제사장으로서의 지위를 자각하고 회복하기를 바라며 적극 추천합니다.

권준_시애틀 형제교회 담임목사

신앙의 순례 길을 걷다 이해할 수 없는 큰 산을 만날 때, 지금 바른길을 걷고 있는지 확인하고 싶을 때, 우리는 창세기를 펼쳐 봅니다. 창세기는 수많은 질문의 답을 담고 있기 때문입니다. 그러나 창세기 곳곳에 있는 난해한 구절의 골짜기는 혼자 뛰어넘기에 벅차고, 굽은 길은 바르게 해석하기 쉽지 않습니다. 정답지에 해설서가 필요하듯, 창세기 난제의 골짜기를 메워 주고 굽은 길을 곧게 하는 안내서와 같은 이 책이 출간되어 기쁘게 생각합니다.

건강한 복음주의적 관점으로 말씀의 성육화를 위해 부단히 고뇌하는 박 교수님의 이 책은 성경의 일부분이 아니라 성경 전체를 관통하는 새로운 시각을 선사해 줍니다. 책장을 넘길 때마다 창세기를 입체적으로 바라보게 됨으로 성경을 사랑하는 마음이 깊어집니다. 각 장의 울림 있는 질문과 적용점은 성경을 삶의 자리에서 살아 내고자 하는 갈망으로 가슴 뛰게 합니다.

믿음의 초석인 창세기를 이처럼 감흥 있게 안내하는 《새로 읽는 창세기》를 이 시대에 믿음의 경주를 하는 모든 그리스도인에게 일독을 추천합니다.

오정현_사랑의교회 담임목사, 숭실대학교 이사장

모세의 가르침을 받는 이스라엘 백성의 관점에서 창세기를 새롭게 조명하는 놀라운 책입니다. 성서 고고학자인 저자와 함께 창세기 현장에 직접 가 있듯이 생생할 뿐 아니라 말씀 곳곳에 새겨진 하나님의 놀라운 사랑과 위대하심에 가슴이 따뜻해집니다. 성경을 잘 읽고 바르게 이해하고자 할 때 폭넓은 성경 지식을 아는 것은 매우 유익합니다. 고대 근동의 거짓된 신과 우상에 젖어 있던 출애굽 당시의 이스라엘 백성을 향한 모세의 가르침은 오늘을 사는 그리스도인에게도 현실감 있게 다가올 것입니다. 창세기에 관한 새로운 시각과 깊은 통찰을 주는 이 책을 기쁨으로 추천합니다.

이재훈_온누리교회 담임목사

책에도 시작이 있다. 2022년 1월, 미국 시애틀의 형제교회에서 성경의 책 한 권을 집중적으로 강의해 달라는 요청을 받아 진행한 것이 이 책의 시작이다. 이후 〈미주 크리스천 신문〉(The Korean Christian Press)의 제안으로 창세기에 대한 짧은 칼럼을 쓰게 되었는데, 그 글을 토대로 정리한 원고가 이렇게 《새로 읽는 창세기》로 나오게 되었다.

물론 이 책은 모든 것의 시작을 담은 창세기가 있기에 쓸 수 있었다.

창세기는 창조주이며 구속자이신 하나님에 대한 계시를 담고 있다. 아울러 여호와 하나님이 이스라엘을 애굽에서 이끌어 내어 시내산에서 언약을 맺으심으로써 성취되기 시작하는 약속들을 담고 있다. 그리고 그 성취는 성경의 제일

끝자락까지 닿아 있다. 그렇게 볼 때, 창세기는 구약과 신약을 아우르는 성경 전체의 역사적 프롤로그이며 시내산 언약의 역사적 서문이라 하지 않을 수 없다.

그런 까닭에 이 책은 출애굽한 이스라엘 그리고 언약의 중재자 모세를 자주 언급한다. 각 장의 내용은 칼럼 형식의 짧막한 글로서, 성경에 관심이 있는 독자들이 무난히 읽을 수 있을 것으로 생각한다.

글을 쓰는 동안 늘 첫 독자가 되어 주고 묵상 질문을 같이 고민해 준 아내 장현경의 사랑과 기도에 감사하며, 글이 책이 되게 해주신 두란노서원의 모든 관계자들께 감사를 전한다. 아울러 칼럼을 신도록 격려하고 지면을 허락해 주신

〈미주 크리스천 신문〉 관계자 모든 분과 그 전에 강의로 초청해 주신 시애틀 형제교회 권준 목사님과 성도들께 감사를 전한다.

글 가운데 몇 편을 설교로 전할 수 있도록 초청해 주신 미국 뉴욕남교회의 박상일 목사님과 성도들, 하트퍼드 제일장로교회의 안성수 목사님과 성도들께 감사드린다. 그리고 추천사를 통해 격려를 아끼지 않으신 서울 사랑의교회 오정현 목사님과 온누리교회 이재훈 목사님께 진심으로 감사를 드린다.

무엇보다, 창조주이며 창조의 세계를 다스리시는 주 하나님께 찬송과 감사를 드린다.

"여호와여 주께서 하신 일이 어찌 그리 많은지요 주께서 지혜로 그들을 다 지으셨으니 주께서 지으신 것들이 땅에 가득하니이다"(시 104:24).

2023년 3월
박성현

《새로 읽는 창세기》에서
다룬 배경 한눈에 보기   ▷

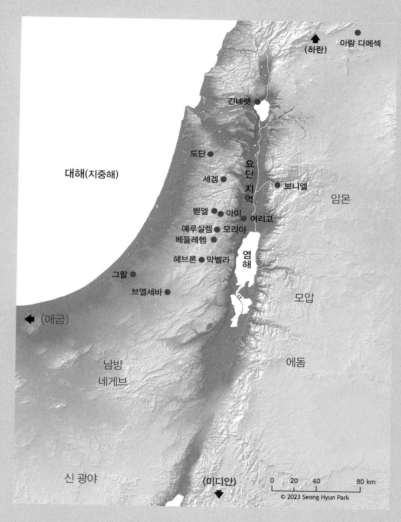

대해(지중해)

아람 다메섹
(하란)

긴네렛

도단
세겜
요단지역
브니엘
암몬

벧엘 ● 아이
예루살렘 ● 모리아
여리고
베들레헴
헤브론 ● 막벨라
염해

그랄
브엘세바

모압

(애굽)

남방
네게브

에돔

신 광야

(미디안)

0   20   40   80 km
© 2023 Seong Hyun Park

족장 시대 가나안의 대표적 지명들

01 궁창이 애굽의 신이었다고?
–태초에 하나님이

<u>창 1:1</u>

21세기를 살면서 창세기 1장을 어떻게 믿느냐는 질문을 받을 때가 있다. 그런데 창세기 1장은 21세기는 고사하고 모세 때에도 믿기 어려운 장이었다.

한 예로 궁창에 대한 다음 말씀을 보자.

"하나님이 이르시되 물 가운데에 궁창이 있어 물과 물로 나뉘라 하시고 하나님이 궁창을 만드사 궁창 아래의 물과 궁창 위의 물로 나뉘게 하시니 그대로 되니라 하나님이 궁창을 하늘이라 부르시니라"(창 1:6-8).

이렇게 궁창을 피조 세계의 자연으로만 보는 시각은 당시 애굽인들에겐 신성모독에 해당하는 것이었다. 그들에게 궁창은 신이었기 때문이다. 특히 요셉의 장인이던 보디베라(창 41:45)와 같은 온(On)의 제사장들에게는 더 그랬을 것이다.[1] 온의 제사장들이 가르친 오랜 종교적 전통에 따르면 궁창은 누트(Nut)라는 이름의 여신이었다. 태고의 물의 신 눈(Nun)으로부터 진화한 창조신 아툼(Atum)의 손녀이자 공기의 신 슈(Shu)와 수분의 여신 테프누트(Tefnut) 남매 사이에서 태어난 것이 궁창이었다. 궁창은 그의 오라비 땅의 신 게브(Geb)와 부부의 연을 맺어 그 둘이 낳은 신들로 말미암아 주신군(Ennead)이 형성되었다. 따라서 궁창은 애굽인들에게 세상, 즉 많은 신의 어머니였다.[2] 이러한 여신 궁창을 창세기 1장은 "하늘"이라 부르며 자연 그 이상도, 그 이하도 아니라고 가르친 것이다.

애굽의 왕자로 자란 모세였기에 이러한 창세기 1장의 가르침이 애굽의 세계관에 비춰 볼 때 얼마나 위험천만한 내용인지 누구보다 잘 알았을 것이다. 그가 휘두른 주먹은 애굽인 하나를 죽게 만들었을 뿐이지만(출 2:12), 이제 그가 전할 하나님의 말씀이 만약 잘못된 것이라면 그 가르침을 따르는 모든 이들이 애굽 신들의 저주를 받을 것이기 때문이다.

이는 단지 이 땅에서의 저주로 그칠 것이 아니었다. 사후세계를 믿었던 고대 애굽인들은 이승뿐 아니라 사후에도 신의 보호가 필요했는데, 다름 아닌 궁창이 그 보호의 신이었다. 태고의 물신으로부터 창조신이 진화하여 세상이 생겨난 후에도 태고의 물의 기운은 언제든 세상을 신의 진화 이전 상태로 되돌릴 위협으로 존재했는데, 애굽인들은 그 기운을 궁창 여신이 자신의 몸으로 막고 있다고 여겼다. 그래서 궁창 여신은 그 몸을 반원 형태로 뻗어 손과 발로 땅의 사방을 짚은 채 등으로 태고의 물의 기운을 막는 여인의 형상으로 자주 묘사되었다. 이렇게 궁창이 세상과 혼돈의 기운 사이에서 경계가 되는 여신이다 보니, 땅에서 죽은 자가 사후 혼돈의 세계에 들어설 때 궁창의 보호에 절대적으로 의존할 수밖에 없었고, 따라서 애굽인들은 관을 짤 때 궁창이 시신을 품는 형태가 되도록 장식했다.

이처럼 인간이 살아도 죽어도 그 영역을 벗어날 수 없고 세상의 존속 자체가 그 없이는 절대적으로 불가능한 여신 궁창을 창세기 1장은 그저 피조물이며 자연이라 가르치고 있다. 이 가르침을 따르다가 그것이 사실이 아니라면 궁창신의 노여움을 사 이승은 물론 저승에서도 저주가 임할 것이다. 무엇이 진실인가? 세상은 우리가 섬겨야 할 신이라는 애굽의 가르침인가, 아니면 물, 궁창, 태양, 땅 모두가 자연이라는 창세기 1장의 가르침인가?

자연은 그냥 자연이다

그 진실은 애굽에 내려진 열 재앙을 통해 판가름나기 시작했다. 애굽 땅의 물이 핏빛으로 변하고 태양은 그 빛을 잃으며 궁창에서는 우박이 떨어질 때(출 7-12장) 그 어떤 신도 애굽을 위해 현현하지 않았다. 자연은 더 이상 신이 아니었고, 자연과 결부된 모든 애굽 신들의 이름은 이제 다 제거되어야 했다.

"애굽의 모든 신을 내가 심판하리라 나는 여호와라"(출 12:12).[3]

그러나 창세기 1장의 말씀은 애굽이나 다른 민족에 앞서 먼저 이스라엘이 깨우쳐야 할 창조주 하나님의 가르침이었다.

이스라엘을 애굽에서 구출하실 때 하나님은 이스라엘의 "앞에서 가시며 낮에는 구름 기둥으로 그들의 길을 인도하시고 밤에는 불 기둥을 그들에게 비추사 낮이나 밤이나 진행하게" 하셨다(출 13:21). 또 애굽 군대가 이스라엘을 추격해 왔을 때 "이스라엘 진 앞에 가던 하나님의 사자"(출 14:19)와 구름 기둥이 그 자리를 옮겨 "애굽 진과 이스라엘 진 사이에 이르러 서니 저쪽에는 구름과 흑암이 있고 이쪽에는 밤이 밝으므로 밤새도록 저쪽이 이쪽에 가까이 못하였"다(출 14:20).

이처럼 낮을 어둡게 하시고 밤을 밝게 하시는 역사를 보며 이스라엘은 하나님이 말씀으로 빛을 창조하셨을 뿐만 아니라 그 빛을 주관하신다는 사실을 깨닫게 되었을 것이다.

"하나님이 이르시되 빛이 있으라 하시니 빛이 있었고"(창 1:3).

그 뒤에 모세가 여호와의 말씀을 따라 바다 위로 손을 내밀자 "여호와께서 큰 동풍이 밤새도록 바닷물을 물러가게" 하셔서 "물이 갈라져 바다가 마른 땅이" 되어 이스라엘 자손은 바다 가운데를 육지로 걸어갔다(출 14:21-22). 그러나 그들을 추격하던 "애굽 사람들과 그들의 병거들과 마병들"은 여호와의 행하심으로 바다가 그들을 덮어 수장당하고 말았다(출 14:26-28). 바다 가운데 길을 내시는 하나님을 목도한 이스라엘은 여호와가 곧 세상을 창조하시고 바다와 땅을 나누신 분임을 눈앞에서 확인할 수 있었다.

"하나님이 이르시되 천하의 물이 한 곳으로 모이고 뭍이 드러나라 하시니 그대로 되니라 하나님이 뭍을 땅이라 부르시고 모인 물을 바다라 부르시니 하나님이 보시기에 좋았더라"(창 1:9-10).

바로 그 창조주 하나님이 이스라엘을 종으로 부리던 애굽으로부터 해방시켜 자기 백성으로 삼으신 것이다.

"나는 너를 애굽 땅, 종 되었던 집에서 인도하여 낸 네 하나님 여호와니라"(출 20:2).

창조주 하나님의 권능이 이스라엘을 애굽의 종살이에서 해방시킨 그때 자연도 애굽의 거짓 신들로부터 해방되었다. 이스라엘이 더 이상 종이 아니듯이 땅, 바다, 하늘도 자연 본연의 이름을 되찾고, 이스라엘과 함께 창세기 1장을 받는 모든 이들에게 이를 지으시며 "보시기에 좋았더라"(창 1:10, 12, 18, 21, 25) 하신 창조주 하나님의 마음을 다시 배워 가게 되었다.

"너는 나 외에는 다른 신들을 네게 두지 말라"(출 20:3). [4]

이 말씀은 창조주 하나님 한 분 외에는 우리의 예배를 받을 다른 신이 없음을 가르치는 동시에 하나님께서 지으신 자연을 자연 그대로 알라는 가르침을 담고 있다.

"태초에 하나님이 천지를 창조하시니라"(창 1:1).

Q 묵상을 위한 질문

1. 이스라엘이 창세기 1장의 가르침을 받을 당시 애굽은 최고 문명 국가로서 자연을 신으로 섬겼다. 그런 삶을 사는 매일의 경험은 과연 어땠을지 묵상해 보라.

2. 창세기 1장을 통해 이스라엘은 자연을 자연으로 알게 되었다. 그로부터 수천 년이 지난 지금, 이 가르침은 여전히 유효한가?

3. 이스라엘은 출애굽을 통해 창조주 하나님을 만나고 믿게 되었다. 당신은 어떻게 창조주 하나님을 만나고 믿게 되었는가?

02 우리를 출애굽시킨
하나님은 누구신가?

–다스리시는 창조주

창 1장 & 시 104편

종교개혁 이후 교회가 "오직 성경"(sola scriptura)이란 맥락에서 인지하게 된 성경 해석의 가장 중요한 원리는 "성경이 그 자체의 해석"(sacra scriptura sui ipsius interpres)이라는 것이다. 다른 말로, '성경을 성경으로 해석한다'고 표현되는 원리다.

　이 원리를 따라 창세기 1장을 읽고자 할 때 우리가 펼치게 되는 말씀 가운데 하나가 시편 104편이다. 창세기 1장이 31절에 걸쳐 하나님을 창조의 유일한 주체로 서술하고 있다면("태초에 하나님이…") 시편 104편은 35절에 걸쳐 하나님을 피조물로부터 송축받으실 유일한 대상으로 선포하고 있다. 이 선포는 '나'를 일깨우는 것으로 시작한다.

　　"내 영혼아 여호와를 송축하라"(시 104:1a).

창세기 1장 1절이 "태초에 하나님이 천지를 창조하시니라"라는 한 문장에 그 장의 주제를 함축적으로 표현했듯이, 시편 104편 1절 역시 장 전체에 걸쳐 다룰 하나님을 송축할 이유를 요약해 담고 있다.

"여호와 나의 하나님이여 주는 심히 위대하시며 존귀와 권위로 옷 입으셨나이다"(시 104:1b).

시편 104편 1절에서 저자는 하나님의 창조 역사를 접하는 우리가 마땅히 해야 할 반응이 무엇인지를 가르쳐 주고 있는 것이다. 그것은 창조주의 "위대"하심을 아는 것이고, 그분께 왕의 "존귀와 권위"가 있음을 깨닫는 것이며, 이 지식은 곧 하나님을 송축함으로 이어져야 한다는 것이다.

첫째 날과 둘째 날

"주께서 옷을 입음같이 빛을 입으시며 하늘을 휘장같이 치시며"(시 104:2).

첫째 날에 "빛이 있으라" 말씀하심으로 빛이 있게 하신 창세기 1장 3절의 역사는 시편 104편으로 자리를 옮겨 그 빛을 "입으시"는 창조주께로 초점이 맞춰지고, 둘째 날에 "궁창을 만드사 궁창 아래의 물과 궁창 위의 물로 나뉘게" 하시어 "궁창을 하늘이라" 부르신 창세기 1장 7-8절의 역사는 시편 104편에서 하늘에 성막을 치신 역사로 깨달아져 다시 한번 하나님의 왕 되심을 선포한다.

"하늘을 휘장같이 치시며 물에 자기 누각의 들보를 얹으시며"(시 104:2b-3a).

여기서 "휘장"(יריעה, 예리아)은 다름 아닌 성막의 휘장을 가리킨다.

"너는 성막을 만들되⋯열 폭의 휘장을(עשר יריעת, 에쎄르 예리옽) 만들지니"(출 26:1, 2, 8; 민 4:25; 삼하 7:2; 대상 17:1).

하나님께서 그 백성 가운데 왕으로 거하실 장소로 짓게 하신 성막과 "들보를 만들게 하여"(대하 34:11) 지은 성전과 관련된 표현들은 하나님이 왕이시며, 하늘을 만드신 이유가 그분의 궁, 즉 성전을 짓기 위함이라는 것을 시편 104편은 밝히고 있다. 20세기에 들어 카수토(U. Cassuto)와 같은 학자들이 성막 건축과 창조 기사 간의 이러한 유사성을 관찰하고 연구했는데,[1] 이미 다윗이 시편 104편에서 그 연관성을 시로 선포하고 있었던 것이다. 그 성막의 설계도를 하나님께로부터 받은 모세, 그리고 그와 함께 성막을 지은 이스라엘에게는 하나님의 창조 역사가 바로 그 손끝에서 느껴졌을 것이다.

셋째 날

창세기는 셋째 날에 하나님이 "물이 한 곳으로 모이고 뭍이 드러나"게 하시어 "땅이라 부르시고" 또 "바다라 부르시"며, 땅에 "풀"과 "채소"와 각종 "열매 맺는 나무"를 내게 하시니 "하나님이 보시기에 좋았더라"고 했다(창 1:9-13). 이 창조의 역사는 시편 104편 저자로 하여금 창조주 하나님에 대한 지식을 더하고 있는데 즉, 하나님께서 산과 바다를 나뉘게 만드셨을 뿐 아니라 그 사이의 경계가 지켜지도록 주장하시는 분이라는 사실이었다.

"주께서 물의 경계를 정하여 넘치지 못하게 하시며 다시 돌아와 땅을 덮지 못하게 하셨나이다"(시 104:9).

그런데 그를 더 놀라게 하는 것은 이러한 물과 땅 사이의 경계가 분명함에도 불구하고 땅을 적시는 물이 있게 하셨다는 것이다.

"여호와께서 샘을 골짜기에서 솟아나게 하시고 산 사이에 흐르게 하사 각종 들짐승에게 마시게 하시니 들나귀들도 해갈하며…그가 그의 누각에서부터 산에 물을 부어 주시니…그가 가축을 위한 풀과 사람을 위한 채소를 자라게 하시며…사람의 마음을 기쁘게 하는 포도주와 사람의 얼굴을 윤택하게 하는 기름과 사람의 마음을 힘있게 하는 양식을 주셨도다"(시 104:9-15).

이렇게 땅과 물의 경계를 조절하시는 하나님은 전능하신 창조주이실 뿐 아니라 만드신 생명체를 지키고 가꾸시며 사람의 얼굴의 윤택함과 마음의 기쁨, 힘을 살피시고자 내 가까이에 계시는 분이다. 이러한 지식은 그로 하여금 하나님을 송축하지 않을 수 없게 했다. 즉, 하나님은 세상을 창조하셨을 뿐 아니라 그 세상을 다스리고 계신다.

넷째 날

넷째 날에 대한 다윗의 찬양은 하나님이 생명의 주시라는 선포를 계속 이어 간다.

"여호와께서 달로 절기를 정하심이여 해는 그 지는 때를 알도다 주께서 흑암을 지어 밤이 되게 하시니 삼림의 모든 짐승이 기어 나오나이다…해가 돋으면 물러가서 그들의 굴 속에 눕고 사람은 나와서 일하며 저녁까지 수고하는도다" (시 104:19-23).

산과 바다를 넘어 해와 달까지 생명을 지으시고 지키시는 하나님의 섭리를 알고 그 뜻을 받든다는 말씀이다. 심지어 두려운 흑암, 즉 밤 하늘까지도 하나님이 지으셨다는 지식은 시편 저자로 하여금 창조주 안에서 얼마나 큰 자유를 누리게 했을지 짐작이 가고도 남는다. 흔히 현대 과학 이전에 저술된 성경이 천동설을 낳게 했다고들 한다. 하지만 시편

104편과 함께 창세기 1장을 보면 성경은 지구를 천체의 중심으로 본 것이 아니라 하나님이 지으신 생명을 그 중심으로 보았음을 알 수 있다. 이 모든 것이 하나님 보시기에 좋았고(창 1:18), 시편 저자로 하여금 다음과 같은 탄성을 내게 하였다.

> "여호와여 주께서 하신 일이 어찌 그리 많은지요 주께서 지혜로 그들을 다 지으셨으니 주께서 지으신 것들이 땅에 가득하니이다"(시 104:24).

다섯째 날

다섯째 날, "큰 바다 짐승들과 물에서 번성하여 움직이는 모든 생물을 그 종류대로, 날개 있는 모든 새를 그 종류대로 창조하시니 하나님이 보시기에 좋았더라"(창 1:21) 하신 역사를 두고 시편 저자는 다음과 같이 고백한다.

> "거기에는 크고 넓은 바다가 있고 그 속에는 생물 곧 크고 작은 동물들이 무수하니이다 그곳에는 배들이 다니며 주께서

지으신 리워야단이 그 속에서 노나이다"(시 104:25-26).

고대인들이 크고 두렵게 여겼던 바다조차도 하나님이 다스리시는 한 영역이며 그 안의 생명체도 다 창조주 하나님이 두신 것이라는 지식은 다시 한번 시편 저자를 놀라게 했다. 땅과 밤 하늘을 포함해 깊은 바다의 세계까지, 하나님의 왕권이 미치지 않는 곳이 없는 것이다. 특히 그 바다에 배를 띄우는 사람은 하나님의 형상으로 지음 받은 역량을 너무도 잘 발휘하고 있는 것이다.

여섯째 날

여섯째 날 하나님은 "땅의 짐승을 그 종류대로, 가축을 그 종류대로, 땅에 기는 모든 것을 그 종류대로" 만드시고(창 1:25) "하나님의 형상대로 사람을 창조하시되 남자와 여자를 창조하시고…그들에게 복을 주시며…바다의 물고기와 하늘의 새와 땅에 움직이는 모든 생물을 다스리게" 하셨다(창 1:27-28). 그러나 정작 그 복을 누릴 사람의 연수는 제한적임을 시편 104편 저자는 말한다.

"주께서 주신즉 그들이 받으며 주께서 손을 펴신즉 그들이 좋은 것으로 만족하다가 주께서 낯을 숨기신즉 그들이 떨고 주께서 그들의 호흡을 거두신즉 그들은 죽어 먼지(עפר, 아파르)로 돌아가나이다(שוב, 슈브)"(시 104:28-29).

죄가 나은 결과다.

"너는 흙(아파르)이니 흙(아파르)으로 돌아갈(슈브) 것이니라"(창 3:19).

그러나 하나님은 창조주만이 하실 수 있는 방법으로 모든 피조 세계를 다스리신다.

"주의 영을 보내어 그들을 창조하사 지면을 새롭게 하시나이다 여호와의 영광이 영원히 계속할지며 여호와는 자신께서 행하시는 일들로 말미암아 즐거워하시리로다"(시 104:30-31).

봄에 지면에 돋는 새싹은 만물을 새롭게 하시는 창조주 하나님의 다스리심을 증거한다. 그 다스리심이 언젠가 모든 것을 온전히 새롭게 하실 것이다. 그리스도 예수로 인하여 구속받은 자들에게 주의 영을 주신 하나님이 그 몸을 속량하실 때, 지면은 온전히 새롭게 되고(롬 3:23-24, 8:21, 23; 고후 1:22) "여호와의 영광은 영원히 계속할" 것이다(시 104:31).

그렇기에 예수의 구속의 은총을 누리는 성도가 왕이신 창조주 하나님께 드릴 고백은 시편 104편 저자의 찬양과 다를 수 없다.

"내가 평생토록 여호와께 노래하며 내가 살아 있는 동안 내 하나님을 찬양하리로다 나의 기도를 기쁘게 여기시기를 바라나니 나는 여호와로 말미암아 즐거워하리로다"(시 104:33-34).

우리가 그 찬양을 부를 수 있도록 자신을 온전한 제물로 드리신 예수 그리스도, 그 죽으심이 없었다면 소멸될 뿐인 나임을 결코 잊지 말아야 한다.

"죄인들을 땅에서 소멸하시며 악인들을 다시 있지 못하게 하시리로다 내 영혼아 여호와를 송축하라 할렐루야"(시 104:35).

1. 시편 104편에 나타난 위대하시며 존귀와 권위를 입으신 하나님은 어떤 분이신지 묵상해 보라.

2. 새롭게 하시는 하나님의 손길은 나를 어떻게 다듬어 가시는가?

03 '쉼'은 신의 특권인가?

-하나님의 안식

창 2:1-3

‘쉼’은 창조의 대업을 완성한 신이 누리는 ‘특권’이다. 이는 ‘쉼’이 갖는 의미를 애굽의 배경에서 살핀 버나드 F. 바토(Bernard F. Batto)의 설명이다.[1]

　그렇다면 출애굽한 이스라엘에게 “안식일을 기억하여 거룩하게 지키라”(출 20:8) 하신 말씀은 하나님이 이스라엘을 하나님의 ‘특권’에 동참시킨다는 뜻으로 이해할 수 있다. 그런데 고대 근동의 맥락에서 하나님 외의 그 어떤 신도 쉼이라는 특권을 인간과 공유하고자 한 바 없다.

　출애굽의 배경이 되는 애굽의 경우, 신왕국(New Kingdom, 주전 16-11세기) 시대에 이르러 ‘멤피스 창세 신화’가 등장하는데, 이 신화에 따르면 프타(Ptah)신이 모든 것을 만든 후 ‘쉬었다’고 한다. 프타신의 창조는 다른 신들을 낳는 것으로 시작되는데, 태어난 신들을 위해 지경을 정하고 성읍을 만들어 사당을 짓고 그 안에 신상을 만들어 각 신들로 하여금 깃들어 살게 하였다. 세상은 프타의 몸이기에 프타의 발현인 나무, 바위, 흙으로 만든 모든 신상은 결국 프타 자신과 다를 바 없었다. 세상에 신상이 충만함으로 창조는 비로소 마침을 하고 프타는 쉬었다.

'멤피스 창세 신화'가 새겨진 샤바코석(The Shabako Stone)[2]

이제 아브라함의 출신 배경이 되는 메소포타미아를 살펴보자. '쉼'에 대해 살필 수 있는 문헌으로 아트라하시스 (Atrahasis) 서사시를 꼽을 수 있는데, 흔히 메소포타미아판 노아의 방주로 일컬어지는 이 시의 현존하는 가장 오래된 토판은 주전 17세기 것이지만, 그 내용의 기원은 그 이전 수메르 시대까지 거슬러 올라간다고 알려져 있다. 이 서사시에 따르면, 노역을 위해 만들어진 인간이 그 수가 많아지자 시끄러워서 최고 신인 엔릴(Enlil)이 잠을 잘 수가 없었다. 결국 신의 잠을 방해하는 인간을 홍수로 쓸어 버리는 프로젝트가 추진된다. 여기서 인간의 시끄러움, 즉 부르짖음은 신의 권위에 대한 저항 또는 반역으로도 해석되고, 엔릴로 하여금 잠을 청할 수 없게 한다는 것은 그의 '쉼'을 방해한다는 뜻으로 볼 수 있다. 그래서 바토는 메소포타미아 신들의 '쉼'은 인간이 도전해서는 안 되는 신의 '권위'를 나타낸다고 보았다. '쉼'은 신의 권위의 상징이며 그 권위에 도전하는 인간은 쓸어 버려 그 권위를 바로 세워야 했다는 것이다.

이상의 내용을 정리해 보면, 고대 근동에서 '쉼'이란 신들의 세상을 창조해 낸 신만이 누릴 수 있는 특권이었고(애굽), 또한 절대로 도전받아서는 안 되는 신의 권위였다(메소포타미아). 세상은 신들의 것이며 '쉼'은 신들을 위한 것이었다. 신들이 쉴 수 있도록 부리고자 만들어진 인간은 그 목적에 맞게 불철주야 일해야 했다. 하지만 불평함으로 신들의 쉼을 방해한다면 홍수로 쓸어 버려야 했다.

애굽에서 400년 동안 노예로 산 이스라엘 백성에게 이상의 내용은 뼈저린 현실 그 자체였을 것이다. 애굽인이 신들의 노예로 살았다면, 그 애굽인의 노예로 산 민족의 삶은 어땠을까? 다음 시편 구절이 그런 그들의 삶을 잘 표현하고 있다.

"밭 가는 자들이 내 등을 갈아 그 고랑을 길게 지었도다"(시 129:3).

헛된 신화를 따라 노예의 삶을 강요당해 온 이스라엘에게 하나님은 크신 권능으로 그들을 애굽의 종살이에서 구출하셨다. 뿐만 아니라 하나님이 인간을 창조하신 본연의 목적을 바로 알게 하심으로 거짓 신들로부터도 구해 내셨다.

창세기 1장을 통해 하나님은 세상이 프타의 몸이 아닌 하나님이 만드신 자연이라는 사실을 알려 주셨다. 나무, 돌, 흙은 프타의 발현이 아닌 피조 세계일 뿐이다. 후대 예레미야의 표현을 빌자면, 나무로 만든 신상은 그저 "삼림에서 벤 나무"일 뿐이다(렘 10:3). 우상이 거짓이니 그 우상의 이름으로 강요당한 모든 것 역시 거짓일 수밖에 없다. 그래서 그 거짓된 굴레를 떨쳐내고자 할 때 "너희는 두려워하지 말라"(렘 10:5)고 하나님은 말씀하셨다.

그러므로 '쉼'은 더 이상 세상을 신상으로 채웠다는 거짓 신이 누릴 특권이 아닌, 참 하나님, 세상을 '보시기에 좋은' 자연의 세계로 창조하신 여호와 하나님만이 가지실 수 있는 특권임을 성경은 말씀한다.

"천지와 만물이 다 이루어지니라 하나님이 그가 하시던 일을
일곱째 날에 마치시니 그가 하시던 모든 일을 그치고 일곱째
날에 안식하시니라 하나님이 그 일곱째 날을 복되게 하사 거
룩하게 하셨으니 이는 하나님이 그 창조하시며 만드시던 모
든 일을 마치시고 그날에 안식하셨음이니라"(창 2:1-3).

하나님의 쉼은 모두가 누리는 쉼이다

그런데 놀라운 사실이 또 있다. 창조주만이 가지실 '쉼'을
하나님은 그의 백성 이스라엘과 함께 누리기를 원하신 것
이다.

"일곱째 날은 네 하나님 여호와의 안식일인즉 너나 네 아들
이나 네 딸이나 네 남종이나 네 여종이나 네 가축이나 네 문
안에 머무는 객이라도 아무 일도 하지 말라"(출 20:10).

이스라엘의 시민뿐 아니라 종과 객의 신분으로 머무는 이
들이라도, 심지어는 그들이 보살피는 가축까지도 그 쉼을
누리라 하신다. 신들의 '쉼'을 방해하지 못하게 하는 데 그

권위를 사용했다는 거짓 신들과 달리, 하나님은 자신의 쉼을 그의 백성에게 나누심으로 그 권위를 나타내셨다.

"안식일을 기억하여 거룩하게 지키라"(출 20:8).

이렇게 하나님이 그의 백성을 자신의 '쉼'으로 초대하시는 주된 이유는, 우리는 하나님의 형상을 따라 지음 받아 여호와의 이름으로 축복받았으며(민 6:27) 하나님의 대리자로서 그가 창조하신 세상을 다스리도록 세움 받았기 때문이다(창 1:26-28). 즉 우리는 창조주 하나님의 일에 동참하도록 지음 받은 자들이기에 하나님의 쉼에도 동참하도록 부름 받은 것이다.

애굽과 메소포타미아의 신화가 아무리 세상과 쉼의 기원을 설명하려 시도해도 틀릴 수밖에 없는 것은 그 기원을 사실은 모르기 때문이다. 단지 추측할 뿐인데 그 추측은 오늘을 바탕으로 이전을 상상해 보는 것이다. 그 오늘을 죄 가운데 살고 있으면서 어떻게 죄가 있기 전, 하나님의 선하고 보시기에 좋았던 창조의 섭리와 안식의 복을 알 수 있겠는가. 그 진실은 오직 창조주의 계시를 통해 알 수 있을 뿐이다.

아담과 하와는 당연히 알았을 그 쉼의 복되고 거룩한 의미가 기억에서 사라지고 왜곡된 지 오랜 후 시내 광야에서 창조주 하나님은 그 복의 회복을 시작하셨다(신 5:15). 이스라엘의 조상들과 세우신 언약의 토대 위에 그들을 제사장 나라로 세우셔서(출 19:6) 이스라엘로 하여금 이 복을 누리게 하시고 또 그 복을 뭇 민족들에게 나누게 하고자 백성을 당신의 '쉼'으로 부르셨다.

그렇게 우리를 '쉼'으로 인도하신 하나님 자신은 정작 우리를 위해 쉬지도 않으시며(시 121편) 또 우리의 부르짖음을 시끄럽다 하지 않으신다.

"주여 깨소서…일어나 우리를 도우소서 주의 인자하심으로 말미암아 우리를 구원하소서"(시 44:23-26).

오히려 그 부르짖음을 듣고 일어나 파도를 잠잠케 하시며 당신의 평온으로 우리를 두르신다.

"곧 일어나사 바람과 바다를 꾸짖으시니 아주 잔잔하게 되거늘"(마 8:26).

하나님의 안식은 곧 우리를 향한 하나님의 열심이다.

Q 묵상을 위한 질문

1. '쉼'이 없던 애굽에서의 삶을 구체적으로 상상해 보라.

2. 이스라엘로 하여금 '쉼'의 특권을 회복할 것을 '명령'(출 20:8)하신 하나님의 마음을 헤아려 보라.

3. "엿새 동안은 힘써 네 모든 일을 행할 것이나"(출 20:9). '쉼'의 회복 은 아울러 '모든 일'의 회복도 의미할 것이다. 어떤 면에서 '일'이 회 복되어야 할지 묵상해 보라.

*

아담과 하와는 당연히 알았을
그 쉼의 복되고 거룩한 의미가
기억에서 사라지고 왜곡된 지 오랜 후
시내 광야에서 창조주 하나님은
그 복의 회복을 시작하셨다.

04 여자를 '건축'하셨다고?

-갈빗대로 여자를 만드시고

창 2:22

모세에게서 창세기 2장 말씀을 듣는 이스라엘 백성이 순간 귀를 쫑긋 세운 말씀이 22절이 아닐까 한다.

"여호와 하나님이 아담에게서 취하신 그 갈빗대로 여자를 만드시고 그를 아담에게로 이끌어 오시니."

언뜻 보기엔 특이한 점이 없는 것 같다. 하지만 이 구절을 히브리어로 읽으면 두 단어에 주목하지 않을 수 없다.

"**갈빗대**로 여자를 **만드시고**."

우선 구약 전체를 통해 '**만드시고**'의 뜻을 살펴보자.

창세기 1-2장에서 딱 한 번 사용된 이 단어는 동사 '바나'(בנה)의 내러티브 시제형이다.[1] 총 373번 사용된 '바나'의 기본 뜻은 '건축하다'로서 가인의 가문이 성을 쌓은 것(창 4:17), 인류가 바벨에 성읍과 탑을 건설한 것(창 11:4-5), 이스라엘 각 지파가 땅을 차지하여 성읍을 건축한 것(민 32:36, 38), 다윗이 가나안 족속으로부터 예루살렘을 빼앗아 다윗성을 쌓은 것(삼하 5:9), 느헤미야의 인솔하에 유대인들이 예루살렘 성벽을 건축한 것(느 3:1-3), 심지어 전쟁 시 성을 포위하기 위해 토성을 쌓은 것(렘 52:4) 등 성을 쌓는 데서 사용되었다.[2]

이어서 '바나'는 건물을 지음을 뜻한다. 야곱이 숙곳에 자기 집을 지은 것(창 33:17), 솔로몬이 예루살렘에 왕궁을 지은 것(왕상 7:1), 아합이 이스라엘에 상아궁을 지은 것(왕상 22:39), 포도원에 망대를 세운 것(사 5:2) 등이 이에 해당한다.

어째서 건축을 뜻하는 동사가 하나님께서 여자를 만드시는 장면을 묘사하는 표현으로 채택된 것일까? '바나'는 특별한 동사가 결코 아니다. 성을 건축하고 궁전을 지으며 탑을 쌓아 올리는 데 사용하는 단어일 뿐이다. 문제는 창세기 2장의 문맥이 성의 건축이 아닌 여자의 창조라는 데 있다.

이제 '바나'가 사용되는 남은 문맥들을 살펴보자. 바로 성전과 제단을 지음이다. 솔로몬의 예루살렘 성전 건축에 '바나'를 무려 23번이나 사용했다.

> "솔로몬이 여호와를 위하여 성전 건축하기를 시작하였더라
> 솔로몬 왕이 여호와를 위하여 건축한 성전은 길이가 육십 규
> 빗이요…"(왕상 6:1-2).

성전 다락의 건축(왕상 6:5), 안벽을 입힌 것(왕상 6:15), 지성
소(왕상 6:16)와 안뜰을 만든 것(왕상 6:36) 모두 '바나'로 묘사되
어 있다. 그리고 바벨론 포로기를 마치고 돌아온 유대인들
이 예루살렘에 성전을 다시 지을 때 여호와의 성전의 기초
를 놓은 자들을 일컬어서는 '바나'의 분사형을 사용해 '하보
님'(הַבּוֹנִים, "건축자")이라 했다(스 3:10).

제단을 쌓는 것과 관련해서는 '바나'의 역사가 참으로 길
다. 노아에서 시작해(창 8:20) 아브라함(창 12:7, 8: 13:18; 22:9), 이
삭(창 26:25), 야곱(창 35:7)을 거쳐 모세(출 17:15; 24:4), 여호수아
(수 8:30), 기드온(삿 6:24), 사무엘(삼상 7:17), 다윗(삼하 24:25), 엘
리야(왕상 18:32) 그리고 예수아와 스룹바벨(스 3:2)에 이르기
까지 성경은 제단을 쌓는 데 모두 '바나'를 동사로 사용하고
있다.

그런데 이렇게 짓고 쌓은 성읍과 궁과 집과 예배의 터가

사실은 하나님이 지으신 것이라는 사실이 놀랍다. 즉 하나
님이 친히 건축자시라는 말씀이다.

- "궁전을 하늘에 세우시며"(암 9:6).
- "성소를 산의 높음 같이…지으셨도다"(시 78:69).
- "예루살렘을 세우시며"(시 147:2).
- "시온을 건설하시고"(시 102:16).
- "내가 너를 위하여 집을 세우리라"(삼하 7:27).

이 역시 모두 '바나'로 표현되는데, 이 모든 건축의 근원
인 하나님이 가장 처음으로 '바나' 하신 것이 다름 아닌 하
와였다는 것이다(창 2:22). 이는 아담의 창조와 크게 대조가
된다. 하나님이 아담과 짐승과 새를 지으신 것을 묘사할 때
는 '야짜르'(יצר)가 사용되었다(창 2:7, 19). '야짜르'는 토기장
이가 흙으로 토기를 빚듯 함을 뜻하는 말이다. 이와 달리 여
자의 창조는 '바나'로 표현하신다. 굳이 그 의미를 강조해
옮기자면, 하나님께서 성을 건설하시듯, 궁을 세우시듯, 왕
가를 일으키시듯 그리고 성소를 지으시듯 여자를 지으신
것이라 할 수 있다.
이제 **'갈빗대'**라 번역된 '쩰라'(צלע)에 대해 살펴보자.[3]

구약에서 총 40회 사용된 이 명사는 그중 36회가 성막과 성전을 건축하는 것과 관련해 사용되었다. 그밖에 솔로몬 궁의 "기둥"으로(왕상 7:3), 산 "비탈"(삼하 16:13)로 한 번씩 사용되고 나머지 두 번이 아담의 "갈빗대"(창 2:21-22)로 사용되었다. 성막과 성전의 문맥에서 '쩰라'는 언약궤의 이"쪽"과 저"쪽"(출 25:12), 성막의 이"쪽"과 저"쪽"(출 26:26-27), 지성소 휘장 바깥 북"쪽"과 남"쪽"(출 26:35), 번제단의 양"쪽"(출 27:7), 분향단의 양"쪽"(출 30:4), 솔로몬 성전 다락의 "골방들"(왕상 6:5), 성전 안벽을 입힌 백향목 "널판"과 마루를 놓은 잣나무 "널판"(왕상 6:15), 성전 문의 두 "짝"(왕상 6:34) 등에 사용되었다. 그리고 이런 묘사는 에스겔이 본 성전의 환상에서도 계속해서 나온다.

정리해 보자면, '쩰라'는 성막, 성전, 제단의 면을 가리킬 때 사용되는 용어이며, 경우에 따라 그 면을 잇대어 만든 성전의 공간, 또 그 성전의 면을 만드는 자재 자체를 일컫는 말이다. 이처럼 열이면 아홉이 성전 건축의 전문 용어로 사용된 단어가 하와의 창조를 묘사하는 데 사용된 것이다.

하와는 최초의 성전이었다

그러면 "갈빗대로 여자를 만드시고"(창 2:22)로 돌아가 보자. 앞서 살핀 내용을 바탕으로 의미를 부여해 풀어 옮긴다면 다음과 같을 것이다.

'여호와 하나님이 아담에게서 성막과 성전의 면을 입히는 자재('쩰라')를 취하시어 성소를 지으시듯 여자를 지으셨다('바나')'.

이때 아담에게서 '쩰라'를 취하기 위해 아담이 "깊이" 잠들어야 했고 그 취한 부분을 대신 살로 채우셨다(창 2:21). 다시 말해 아담의 몸이 찢기는 상함으로 성전과 같은 신부가 탄생했다는 이해가 가능해진다. 어쩌면 이러한 이해가 다음 구절의 배경을 이루는지도 모른다.

"남편들아 아내 사랑하기를 그리스도께서 교회를 사랑하시고 그 교회를 위하여 자신을 주심같이 하라"(엡 5:25).

이는 오늘 우리의 귀를 붙잡는 말씀이기도 하다. 그러나 특히 이스라엘 백성의 주목을 끄는 말씀이었는데, 그도 그럴 것이 당시 이스라엘 백성은 여호와의 성막을 짓는 일에 자원하여 참여했기 때문이다(출 35:4-29). 그들이 직접 자재를 예물로 드려서 건축 과정에 참여하고 있었기에 하나님께서 아담의 '쩰라'로 하와를 '바나'하셨다는 말씀은 그들에게 성막 건축과 긴밀하게 연결되어 들렸을 것이다.

"여호와 하나님이 아담에게서 취하신 그 갈빗대로 여자를 만드시고 그를 아담에게로 이끌어 오시니 아담이 이르되 이는 내 뼈 중의 뼈요 살 중의 살이라"(창 2:22-23).

이 말씀에서 이스라엘은 인류의 첫 가정 탄생을 보았다. 그리고 앞서 살핀 내용을 토대로 할 때, 성막의 첫 청사진을 보았을 것이다. 시내산 발치에 성막이 세워지기 전, 훗날 시온산에 성전이 지어지기 훨씬 전에, 하나님은 아담과 하와 가운데 당신의 성전을 이미 짓기 시작하신 것이다.

이와 같이 예수 그리스도로 말미암아 하나님의 백성 된 성도는 오늘도 친히 모퉁잇돌 되신 그리스도 예수 안에서 "건물마다 서로 연결하여 주 안에서 성전이 되어" 가듯, "성령 안에서 하나님이 거하실 처소가 되기 위하여 그리스도 예수 안에서 함께 지어져" 간다(엡 2:20-22).

Q 묵상을 위한 질문

1. "이러므로 남자가 부모를 떠나 그의 아내와 합하여 둘이 한 몸을
   이룰지로다"(창 2:24). 한 몸을 이룬 부부가 함께 하나님의 성전으로
   지어져 간다는 저자의 제안에 대해 어떻게 생각하는가?

2. 광야에서 이스라엘 백성은 성막을 짓는 일에 자원하여 동참했다.
   오늘날 성도가 "함께" 성전으로 지어져 간다는 것은 어떤 '자원'함
   을 수반할까?

하나님께서 성을 건설하시듯,
궁을 세우시듯, 왕가를 일으키시듯
그리고 성소를 지으시듯 여자를 지으셨다.
하나님은 아담과 하와 가운데
당신의 성전을 이미 짓기 시작하신 것이다.

05 도시는 하늘에서 내려왔는가?

-가인이 성을 쌓고

창 4:17

"태초에 도시가 있었다."

P. D. 스미스(P. D. Smith)가 정리한 고대 메소포타미아의 세계관을 잘 요약해 주는 문구다.[1] 땅, 나무, 인간이 있기 전, 신들이 살 도시가 만들어졌고, 그 후 신들이 부릴 목적으로 인간을 만들어 도시에 들였다는 이 세계관은 시파르(Sippar)에서 발견된 다음 문헌에 잘 담겨 있다.

"갈대가 생기기 전, 나무가 창조되기 전에⋯온 땅은 바다일 뿐이었다⋯그러자 에리두가 만들어지고, 에사길라가 지어졌다⋯마르둑 신이 흙을 창조해 갈대 틀에서 쏟아 냈다. 신들로 하여금 마음에 흡족한 거처에 살게 하고자 인간을 만든 것이다."[2]

그렇게 인간은 신을 위한 도시에서 노역하기 위해 태어났고 죽는다는 것이다. 이 같은 세계관은 애굽에서도 다를 바 없었던 것 같다. 특히 이스라엘과 같은 노예들을 대할 때는 더욱 그랬다.

"요셉을 알지 못하는 새 왕이 일어나 애굽을 다스리더니…감독들을 그들 위에 세우고 그들에게 무거운 짐을 지워 괴롭게 하여 그들에게 바로를 위하여 국고성 비돔과 라암셋을 건축하게 하니라"(출 1:8-11).

모든 도시는 신들의 거처였고, 그 체제와 질서를 유지할 책임과 권한이 바로에게 있다고 보았기에, 한 민족을 노예로 전락시키는 데 '신을 위함'이라는 명분이 유용하게 사용되었을 것이다.

"가인이 성을 쌓고"

과연 그런가? 과연 도시는 신들이 만들어 땅에 내린 신들의 거처인가? 그래서 인간은 신과 바로의 노예로 사는 것이 마땅한가? 이스라엘은 그 답을 창세기 4장에서 찾을 수 있었다.

"가인이 성을 쌓고…"(창 4:17).

신이 아닌 인간이 인류 최초의 도시를 태동시켰다는 것이다. 뿐만 아니다.

"…그의 아들의 이름으로 성을 이름하여 에녹이라 하니라"
(창 4:17).

그 도시를 일컫는 이름조차 신이 아닌, 사람의 이름에서 따왔을 뿐이다. 그리고 한 걸음 더 나아가, 도시를 건설할 수 있는 인간은 문명을 발전시키고 문화를 창출하는 창의력을 가졌다고 말하고 있다.

"가인이 성을 쌓고…에녹이 이랏을 낳고…므드사엘은 라멕을 낳았더라 라멕이 두 아내를 맞이하였으니 하나의 이름은 아다요 하나의 이름은 씰라였더라 아다는 야발을 낳았으니 그는 장막에 거주하며 가축을 치는 자의 조상이 되었고 그의 아우의 이름은 유발이니 그는 수금과 통소를 잡는 모든 자의 조상이 되었으며 씰라는 두발가인을 낳았으니 그는 구리와 쇠로 여러 가지 기구를 만드는 자요 두발가인의 누이는 나아마였더라"(창 4:17-22).

인간이 창조주 하나님의 형상대로 지음 받았다는 창세기 1장의 가르침을 전제할 때, 인간에게 창의력이 주어졌다는 점을 이해하기는 그리 어렵지 않다. 그런데 놀라운 것은, 하나님께서 그런 창의력을 죄로 타락한 인간에게서 거두지 않으셨다는 점이다. 안타까운 것은, 그런 은총에도 불구하고 인간은 성을 쌓기 전이나 쌓고 난 후에도 계속 죄를 짓고 살았다는 사실이다.

"가인이 그의 아우 아벨에게 말하고 그들이 들에 있을 때에 가인이 그의 아우 아벨을 쳐죽이니라"(창 4:8).

성경 최초의 성을 쌓기 전, 가인은 그의 아우를 시기하여 죽였다. 성을 쌓은 뒤, 일부다처제의 첫 사례가 된 가인의 후손 라멕은(창 4:19) 복수를 위해 살인을 저질렀다.

"라멕이 아내들에게 이르되 아다와 씰라여 내 목소리를 들으라 라멕의 아내들이여 내 말을 들으라 나의 상처로 말미암아 내가 사람을 죽였고 나의 상함으로 말미암아 소년을 죽였도 다"(창 4:23).

라멕의 죄의 행각은 여기서 멈추지 않는다.

"라멕이 아내들에게 이르되…가인을 위하여는 벌이 칠 배 일진대 라멕을 위하여는 벌이 칠십칠 배이리로다 하였더라" (창 4:23-24).

일찍이 하나님은 가인의 살인 사건과 관련해 보복 살인에 따르는 처벌을 칠 배로 정하심으로 보복 자체를 금하신 바 있다(창 4:15). 그런데 라멕은 그런 하나님의 법을 아랑곳하 지 않고 오히려 칠십칠 배로 보복하리라는 '라멕의 법'을 공 포한 것이다. 그러고는 직접 자신의 법을 실천해 보였다. 바 로 자신에게 상처를 입혔을 뿐인 사람을 죽여 칠십칠 배로 복수했다는 것이다(창 4:23). 형제를 시기해 죽인 뒤 정작 자 신은 목숨을 보전하고자 성을 쌓은 가인의 가문은 그 후 칠 십칠 배의 보복법을 세워 폭력으로 질주해 갔다.

이와 관련해 하나님은 시내산에서 이스라엘에게 이렇게

말씀하셨다.

"눈은 눈으로, 이는 이로… 때린 것은 때림으로 갚을지니라"
(출 21:24-25).

이스라엘이 사는 성에서는 절대로 라멕과 같은 보복의 범죄가 저질러져서는 안 된다는 뜻이다. 하나님은 오히려 이스라엘 가운데 도피성을 두어 부지중에 살인한 자가 그 생명을 보호받을 수 있도록 하셨다(민 35:9-15). 이뿐이 아니다. 하나님은 기업이 없는 레위 지파를 위해 도합 사십팔 개의 성읍을 주고 그 초장도 함께 주라고 명하셨다(민 35:7). 경제적인 짐을 서로 지고 형제간에 부족함이 없도록 돕는 것을 원칙으로 세우신 것이다. 이렇듯 하나님의 백성이 사는 도시는 하나님의 은총이 그 삶을 이끄는 곳이어야 했다.

이스라엘은 더 이상 바로와 세상의 제왕들이 말하는 도시의 기원과 그에 따른 노예제도의 당위성에 속지 않아도 되었다. 참 하나님은 한 번도 그의 백성에게 성을 쌓아 바치라는 터무니없는 요구를 하신 적이 없다. 오히려 성경은 하나님이 그 백성을 위해 성을 쌓아 주신다고 말씀한다.

"이는 그가 하나님이 계획하시고 지으실 터가 있는 성을 바랐음이라"(히 11:10).

하나님이 지으시는 성은 우리로서는 쌓을 수 없는, "신부가 남편을 위하여 단장한 것 같"은 성으로서 "하나님께로부터 하늘에서 내려"온다(계 21:2).

그러고 보니 고대 메소포타미아인들이 말한 것과 비슷한 것이 하나 있다. 바로 도시가 하늘에서 내려온다는 점이다. 그런데 다른 경우들과 마찬가지로 신화는 늘 그릇된 결론을 유도한다. 인간은 신들의 노예라는 잘못된 결론이 그것이다. 이와 달리 성경의 바른 가르침은 다음과 같은 바른 결론에 이르게 한다.

"이기는 자는 이것들을 상속으로 받으리라 나는 그의 하나님이 되고 그는 내 아들이 되리라"(계 21:7).

새 예루살렘이 하늘에서 내려오는 이유는 하나님이 그의 백성을 자녀 삼으시고 그 성의 상속자로 삼으셨기 때문이다. 그 섭리에 따라 백성은 시내산으로, 시온의 예루살렘으로 먼저 향했다.

Q 묵상을 위한 질문

1. 가인의 가문이 성을 쌓는 창의력을 발휘할 수 있었던 이유는 하나님이 베푸신 일반 은총 때문이다. 아우를 살해한 자가 보복의 원칙이 아닌, 법적 제도에 맡겨진 것 역시 하나님의 일반 은총 때문이다. 우리의 삶을 에워싼 하나님의 일반 은총의 예를 헤아려 보라.

2. 하나님은 바벨론에 잡혀간 유다 백성에게 다음과 같이 말씀하셨다. "너희는 내가 사로잡혀 가게 한 그 성읍의 평안을 구하고 그를 위하여 여호와께 기도하라 이는 그 성읍이 평안함으로 너희도 평안할 것임이라"(렘 29:7). 이 기도를 통해 맺어진 열매는 구체적으로 어떤 것들이었을까? 정리된 내용을 바탕으로 기도하라.

*

애굽의 세계관에서 모든 도시는
신들의 거처였고 인간은 그곳에서
노예로 살고 있다고 여겼다.
하지만 성경은 하나님이 그의 백성을 위해
성을 쌓으셨고 인간을 그 성의 상속자로
삼으셨다고 가르친다.

06 성경의 족보를
왜 알아야 하는가?

–아담의 계보

창 5장

창세기 5장의 족보를 어떻게 읽을까? 물론 "신화와 끝없는 족보에 몰두하지 말게" 할 필요가 있다고 바울이 기록한 바 있다(딤전 1:4). 그럼에도 불구하고 성경은 종종 역사를 함축적으로 서술하기 위해 족보를 사용하고 있어서, 성경을 제대로 읽고자 할 때 족보를 잘 읽는 것이 중요하다. 그중 하나가 창세기 5장에 실린 "아담의 계보"다. 이 장을 잘 읽고자 할 때 필요한 몇 가지 사항들을 살펴보자.

족보의 뜻과 범주

"이것은 아담의 계보를 적은 책이니라"(창 5:1a).

"계보", 즉 족보란 히브리어의 '톨레돗'(תולדות)을 옮긴 것으로 "내력"(창 2:4), "계보"(창 5:1) 또는 "족보"(창 6:9; 10:1; 11:10, 27; 25:12, 19; 36:1; 37:2)로 번역되었다. 저자는 창세기를 기록할 때 책의 내용을 하나의 서문(창 1:1-2:3)에 이어 열 개의 톨레돗으로 구성했는데, 첫째는 "하늘과 땅의 내력(톨레돗)"이고 (창 2:4-4:26), 둘째는 "아담의 계보(톨레돗)"다(창 5:1-6:8). 이렇게 창세기를 구성하는 단락을 우리는 성경의 족보라 부른다.

창세기가 톨레돗 구조로 쓰였다는 것은 각 톨레돗의 시작과 끝이 그 이전과 그 이후의 톨레돗의 시작 및 끝과 맞닿아 있다는 뜻이다. 그래서 "아담의 계보(톨레돗)"는 "하늘과 땅의 내력(톨레돗)"이 끝나고(창 4:26) 바로 이어서 시작되며(창 5:1), 그 뒤에 이어지는 "노아의 족보(톨레돗)"는 직전에 "그러나 노아는 여호와께 은혜를 입었더라"(창 6:8)라는 문장으로 끝맺은 뒤 시작된다(창 6:9).

족보의 패턴

각 세대마다 다룰 수 있는 내용이 무수히 많겠으나 창세기라는 한 책에 그 내용을 담을 수 있으려면 기록 내용의 선

별이 불가피했을 것이다. 결국 구속사적 맥락에서 꼭 언급해야 하는 내용들을 선별적으로 상세히 다루고 나머지 세대들은 '…는 …을 낳았고 …세를 살고 죽었더라'는 패턴을 적용해 간략히 다룬 것이라 보인다.

그런데 이렇게 간략히 다룬 세대의 목록조차도 모든 세대를 다 열거한 것은 아님을 알 수 있다. "아담의 계보(톨레돗)"에 등장하는 세대는 모두 열 세대에 불과하다. 1 아담, 2 셋, 3 에노스, 4 게난, 5 마할랄렐, 6 야렛, 7 에녹, 8 므두셀라, 9 라멕, 10 노아. 이렇게 열 세대만 열거하는 것은 창세기의 독특한 패턴으로 보인다. 그래서 창세기 11장 10-26절에 기록된 "셈의 족보(톨레돗)" 역시 열 세대로 소개했으며, 이렇게 톨레돗 개별 단위에서 열 세대로 규정하는 족보의 패턴은 창세기 자체가 열 개의 톨레돗으로 짜인 구조를 반영하는 것으로 여겨진다.

모세가 창세기 전체를 열 개의 톨레돗 단락으로 구성한 것은 백성의 대부분이 성경을 소지하지 못했던 그 시대에 중요한 교수법이었다. 상징적 수에 따라 패턴을 정하고, 그 패턴에 따라 역사를 정리해 주니 백성이 귀로 들은 내용을 잘 기억할 수 있었을 것이다.

이런 패턴은 신약의 마태복음 1장에서도 관찰되는데, "예수 그리스도의 계보"를 기록할 때 다윗의 이름을 반영하는 수를 사용해 "열네 대"로 세 번 나눠 정리한 것과 같은 접근이다. 따라서 "아담의 계보"는 그 족보에서 대표성을 갖는 열 세대를 선별해 열거한 것일 가능성이 높다.

사본 간에 족보 연수의 차이

라멕은 "칠백칠십칠 세"를 살았다(창 5:31). 이런 연수들을 바탕으로 인류 연대표를 작성할 수 있을까? 물론 할 수는 있다. 그러나 그 표가 실제 역사적 연대를 정확히 반영한 것이라는 기대는 갖지 말아야 한다. 앞에서도 언급했듯이 족보에 열거된 세대 수는 대표성을 갖는 것이기에 실제로 더 많은 세대들이 그 사이에 존재했을 가능성을 열어 두어야 한다. 뿐만 아니라 족보에 등장하는 연수에도 사본 간에 차이가 있기에 더욱 그러하다.

홍수라는 '대환난' 이전에 "칠백칠십칠 세"를 산 라멕은 자칫하면 역사 연대뿐 아니라 계시록의 '777'과 연결 지어 종말론적 상상을 펼치게 할 수 있는 숫자다. 하지만 창세기 5장 31절의 사본들을 비교해 보면 그럴 수 없음을 알 수 있

다. 마소라 사본(MT)은 라멕의 연수를 777년, 사마리아 오
경(SP)은 653년, 70인역(LXX)은 753년으로 기록해 놓았다.
이렇게 주요 사본들 간에 연수의 차이가 있는데, 한글성경
은 마소라(Massorah) 사본의 777년을 채택한 것이다. 따라서
족보의 대표적 기능과 사본 간의 연수 차이를 고려할 때 아
담이 주전 4004년에 지음을 받았다고 주장한 J. 어셔(James
Ussher) 대주교의 계산은 선별적으로 제시된 마소라 사본의
연수의 합산일 뿐, 실제 역사적 연대일 가능성은 없다고 보
아야 한다.

족보가 강조하는 것

족보의 모든 세대가 '…는 …을 낳았고 …세를 살고 죽었
더라'는 식의 획일적 패턴으로 다뤄지지는 않는다. 아담의
경우, "하나님이 사람을 창조하실 때에 하나님의 모양대로
지으시되 남자와 여자를 창조하셨고 그들이 창조되던 날에
하나님이 그들에게 복을 주시고 그들의 이름을 사람이라
일컬으셨더라"(창 5:1-2)는 내용으로 시작된다. 이렇게 일반
패턴에서 벗어나는 내용이 더해질 때 그 내용을 강조하는

것으로 볼 수 있다.

아담에 대한 기록에서 강조되는 것은 누가 그를 '낳은 것'이 아니라 하나님이 그를 "하나님의 모양대로" 창조하신 첫 사람이라는 내용이다. 아울러 그가 "자기의 모양 곧 자기의 형상과 같은 아들"을 낳았다는 기록을 더하고 있어(창 5:3), 하나님의 "모양"이 아담의 "모양"을 따라 셋에게 이어지고 있음에 주목한다.

에녹이 "삼백 년을 하나님과 동행하며"와 "하나님이 그를 데려가시므로 세상에 있지 아니하였더라"(창 5:22, 24)는 기록도 역시 틀에서 벗어나기에 강조되는 부분이다.

가장 두드러지는 부분은 역시 노아와 관련된 내용이다. 라멕이 노아를 낳을 때, "여호와께서 땅을 저주하시므로 수고롭게 일하는 우리를 이 아들이 안위하리라"(창 5:29) 한 예언적 내용이 틀에서 벗어난 강조이고, 노아의 자손을 한 명이 아닌 세 아들의 이름을 다 기록한 것이 강조이며(창 5:32), 노아 때에 이르러 살펴보는 인류의 타락상(창 6:1-4)과 그에 따른 하나님의 심판 결정(창 6:5-7), 그럼에도 불구하고 노아가 입은 하나님의 은혜(창 6:8) 등이 강조되는 내용들이다.

족보가 남기는 것

　'하늘과 땅의 내력(톨레돝)'의 끝인 창세기 4장과 '아담의 계보(톨레돝)'가 시작되는 창세기 5장은 서로 비교되는 계보를 보인다. 전자는 가인의 혈통을 따라 그 족보를 이어 갔고, 후자는 셋의 혈통을 따라 그 계보를 이어 갔다. 그런데 이 둘 사이에는 큰 차이가 있다. 바로 이름(םֵש, 셈)을 부르는 (אָרָק, 카라) 것인데, 가인의 혈통에서는 아들의 이름을 따른 성(city)에서 이름을 부르고 있다(창 4:17). 그들이 쌓은 성, 즉 업적이 그들이 부른 유일한 이름이다.

　반면, 셋의 혈통에 대하여는 "여호와의 이름을 불렀더라"(창 4:26)고 기록한다. '하늘과 땅의 내력(톨레돝)'에서 '아담의 계보(톨레돝)'로 옮겨가는 부분에서 저자가 기록한 내용이다. 아담이 셋을 낳고 셋이 에노스를 낳게 되는데 "그때에 사람들이 비로소" 여호와의 이름을 부르기 시작했고, 하나님이 첫 사람을 아담이라 부르신 본을 따라(창 5:2) 그 후손의 이름을 불러 준 기록이 두 번 등장한다. 즉 "이름을 셋이라 하였고"(창 5:3)와 "이름을 노아라 하여"(창 5:29)이다.

　이것이 두 족보의 가장 두드러진 차이점이다. 성의 이름을 부른 혈통은 문명을 남겼고, 여호와의 이름을 부른 혈통

은 사람을 남겼다. 가인의 후손은 그 성을 죄에서 건질 수
없었다는 고백을 남겼고(창 4:23-24), 셋의 후손은 사람에게
하나님의 은혜가 임했다는 증언을 남겼다(창 6:8).

족보가 가리키는 것

족보가 가리키는 방향을 성경 신학적으로 살펴야 한다.
성경의 족보는 구속사의 노선도라 할 수 있다. 마치 지하철
노선도가 역의 이름만 표기하듯 족보도 그러하다. 그 이름
뿐인 노선도를 읽을 때 가장 중요한 것은 두 가지다. 즉 현
재 위치와 목적지다. 현재 어디에 있는가? 어느 방향의 열
차인가?

창세기 5-6장을 읽는 독자에게 현 위치는 "아담의 계보"
다. 이 열차는 아담, 셋, 에노스, 게난…을 지나 다음 역인
"노아의 족보"(창 6:9-9:29)에 이르면 잠시 멈춰 승객을 열차
밖, 방주의 현장으로 안내할 것이다. 그러고는 여정을 이어
"예수 그리스도의 계보"(마 1:1-17)를 향해 달리고 잠시 멈추
기를 계속할 것이다. 그 열차는 우리를 태우고 지금 새 예루
살렘을 향해 가고 있다.

Q 묵상을 위한 질문

1. "이것은 아담의 계보(톨레돗)를 적은 책이니라 하나님이 사람을 창조하실 때에 하나님의 모양대로 지으시되 남자와 여자를 창조하셨고 그들이 창조되던 날에 하나님이 그들에게 복을 주시고 그들의 이름을 사람이라 일컬으셨더라"(창 5:1-2). 이 계보에서 창세기 1장 28절의 복의 약속을 언급하는 이유는 무엇일까?

2. "예수 그리스도의 계보"(마 1:1)는 예수의 나심에서 멈춘다(16절). 그 이후로는 다른 이름이 없는데 이는 무엇을 의미할까?

07 하나님의 아들들은 누구인가?

–창세기에서 가장 난해한 본문

창 6:1-4

출애굽한 이스라엘이 무려 사십 년이라는 긴 세월을 광야에서 보내야 했던 데에는 열두 정탐꾼의 보고와 그에 대한 백성의 반응이 이유가 됐다.

　　"거기서 네피림 후손인 아낙 자손의 거인들을 보았나니 우리는 스스로 보기에도 메뚜기 같으니 그들이 보기에도 그와 같았을 것이니라"(민 13:33).

　　거인들이라는데 어떻게 겁나지 않을 수 있겠는가? 더군다나 모세가 들려주기를 그들은 "하나님의 아들들이 사람의 딸들에게로 들어와" 낳은 자손이라 했으니 말이다(창 6:4).

"사람이 땅 위에 번성하기 시작할 때에 그들에게서 딸들이 나니 하나님의 아들들이 사람의 딸들의 아름다움을 보고 자기들이 좋아하는 모든 여자를 아내로 삼는지라"(창 6:1-2).

"하나님의 아들들", 그들은 과연 누구였을까?

창세기 6장 1-4절 문맥상에서 "하나님의 아들들"에 대한 해석은 아직 뚜렷한 결론에 이르지는 못한 상태임을 미리 밝혀 둔다. 하지만 그동안 어떤 해석의 가능성이 논의되었는지를 살피는 것 자체로도 의미가 있다 여겨져 그 내용을 크게 세 관점으로 분류해 정리해 보았다.

'하나님의 아들들'은 천사인가?

첫째, "하나님의 아들들"이 천사를 가리킨다는 견해다. 이 해석의 가장 오래된 기록은 에녹1서로서 "하나님의 아들들"을 "하늘의 아들들인 천사들"이라 풀어 쓴 것이 그 시작이다. 70인역도 이 문구를 "하나님의 천사들"이라 옮겨 유사한 입장을 취하고 있는데, 두 문헌 모두 주전 3-1세기를 배경으로 한 것이므로 우리가 살펴보려는 세 견해 중 가장 오래된 것이라 할 수 있다.

이 견해가 지속적인 지지를 받는 가장 큰 이유는 "하나님의 아들들" 또는 이와 비슷한 표현들이 구약 다른 곳에서 '천사'를 지칭하는 것으로 보이기 때문이다. 욥기 1장 6절이 대표적이다.

"하루는 하나님의 아들들이 와서 여호와 앞에 섰고 사탄도 그들 가운데에 온지라."

동일한 표현이 욥기 2장 1절에 되풀이되고, 다니엘 3장 25절에는 이에 해당하는 표현이 아람어로 적혀 있다.

"…내가 보니… 네 사람이 불 가운데로 다니는데… 그 넷째의 모양은 신들의 아들과 같도다"

반면 시편 29편 1절과 89편 6절에서 개역개정이 각각 "권능 있는 자들" "신들"이라고 옮긴 문구는 히브리어 원문을 봐야 이 주제와의 연관성을 살필 수 있다.

이렇게 "하나님의 아들들"을 천사로 보는 해석의 장점은 비신화화에 있다. 수메르의 길가메시(Gilgamesh)처럼 신과 인간 사이에 태어난 반신반인의 존재가 있다고 믿었던 고대의 세계관과 달리 창세기 6장 1-4절은 오직 창조주와 피조물인 천사, 인간, 세상이 있을 뿐임을 말씀하기 때문이다. 더구나 천사의 타락에 대한 언급은 신약에도 있다.

"또 자기 지위를 지키지 아니하고 자기 처소를 떠난 천사들"
(유 1:6).

그래서 "하나님의 아들들"을 천사로 보는 견해는 지금도 여전히 많은 지지를 받고 있다.

그렇다면 이 해석에 단점은 없을까? 물론 있다. 우선 하나님께서 천사들에게 생육의 기능을 부여하셨다는 근거를 성경 어디서도 찾을 수 없다는 점이다(참고, 마 22:30). 그리고 중요한 것은 창세기 6장 본문이 이 사태를 바라보는 시각이다.

"여호와께서 이르시되 나의 영이 영원히 사람과 함께하지 아니하리니 이는 그들이 육신이 됨이라 그러나 그들의 날은 백이십 년이 되리라 하시니라"(창 6:3).

과연 천사가 이 사태를 초래한 것이라면 그 책임은 천사에게 돌아가야 마땅할 것이다. 하지만 본문은 그 문제를 '사람'에게서 찾고 있다. 즉 사태에 연류된 모든 당사자가 '사람'이라고 보는 근거를 본문이 제시하고 있는 것이다.

'하나님의 아들들'은 사람인가?

따라서 이런 첫 견해의 한계를 해결하기 위해 제시되는 두 번째 입장은 "하나님의 아들들"은 사람이라는 견해다. 이 견해에서는 "하나님의 아들들"은 셋의 후손들로서 경건한 삶을 이어 간 혈통이며, 그에 반해 "사람의 딸들"은 불경한 가인의 후손들일 것이라고 가정한다. 즉 셋의 후손이 가인의 후손과 혼인을 자처함으로 말미암아 그 경건함을 상실해 갔다는 해석이다.

어거스틴을 비롯한 초대 교부들은 물론 루터, 칼빈 등 개혁시대 주석가들의 지지를 받은 이 입장의 장점은 창세기 4-5장의 연장선상에서 그 내용을 잘 정리해 준다는 것이다. 또한 그다음 대목인 '노아의 족보'(창 6:9-9:29)에서 다뤄지는 홍수 심판이 왜 가인 혈통만이 아니라 노아 가족을 제외한 셋의 가문에게도 내려지는지에 대한 토대를 마련해 준다는 점이다. 아울러 앞서 언급한 비신화화 작업을 한 차원 더하는 장점 역시 있다.

그러나 이 입장에도 단점이 있다. 본문 1절의 "사람이 땅 위에 번성하기 시작할 때"에서 "사람"(הָאָדָם, 하아담)은 전 인류를 아우르는 집합명사로 해석되는데, 이 단어가 동일한 형태로 2절에도 사용되었다.

"하나님의 아들들이 사람의 딸들의 아름다움을 보고"(창 6:2a).

따라서 2절의 "사람의 딸들"은 전 인류를 아우르는 집합명사로서 "사람"의 "딸들"로 봐야 문법상 맞다. 이 점을 무시하고 "사람의 딸들"을 '가인의 딸들'이라는 소집합군으로 한정 지어 해석하는 것은 문법을 간과할 때에만 가능하다. 공식을 뒤집어 "하나님의 아들들"을 가인의 후예로, 또 "사람의 딸들"을 셋의 후예로 보기도 하는데, 이 또한 여전히 이 문제를 해결하지 못한다.

'하나님의 아들들'은 통치자들인가?

그래서 셋째 입장이 등장한다. "하나님의 아들들"이 고대

의 군주, 왕조의 통치자들을 가리킨다는 견해다. 유대 주석
가들에 의해 거론된 바 있는 이 입장은 20세기 들어 고고학
발굴을 통해 고대 문명에 대한 이해가 더해지면서 힘을 얻
게 되었는데, 다른 어떤 입장보다도 다음 본문을 잘 설명하
는 장점을 가지고 있다.

"자기들이 좋아하는 모든 여자를 아내로 삼는지라"(창 6:2).

아울러 이 죄상의 전모를 인간의 영역에서 다룬다는 점에
서 창세기 전체에 흐르는 비신화적 취지를 잘 반영하는 입
장이기도 하다. 그런데 이 입장을 수용하기 위해서는 "하나
님의 아들들"이라는 표현이 어떻게 고대 근동의 왕들을 지
칭할 수 있다는 것인지, 그 주장의 논리 절차를 살필 필요가
있다.

우선 본문의 "하나님"(האלהים, 하엘로힘)은 문맥에 따라 '신
들'로도 번역할 수 있는 명사라는 점을 알아야 한다(렘 11:12:
시 136:2; 대하 2:5). 따라서 "하나님의 아들들"은 '신들의 아들
들'로도 번역이 된다. 다음으로 "…의 아들들"(בני, 브네-)은
'…에 속한 자들'이란 뜻을 갖는다. 그래서 개역개정은 시편
11편 4절의 '아담의 아들들'(בני אדם, 브네 아담)을 "인생"이라

옮긴 것이다. 그러므로 "하나님의 아들들"은 '신들의 아들들' 또는 '신들'로 옮길 수 있다. 그러나 하나님 외에는 다른 신이 없는 구약의 맥락에서 다른 '신들'은 참 신이 아니라 단지 사람이 '신'이라 부른 존재를 가리킬 뿐이다. 결론적으로 창세기 6장 2절의 "하나님의 아들들"은 사람에 의해 '신'이라 불리는 자들을 뜻한다고 정리할 수 있다.

조금 다른 각도에서 이 논리를 잘 주장했던 클라인(Meredith G. Kline)은 창세기 6장 2절의 "하나님의 아들들"이 '신성왕'(divine kings)을 뜻한다고 결론 지은 바 있다.[1] 이스라엘이 400년 넘게 머물던 애굽만 해도 바로를 태양신인 호루스(Horus)의 화신으로 여겼다.

그렇게 고대 근동에서 신으로 추앙된 왕은 어떤 모습을 했을까? 필자는 대표적인 예로 나람-신(Naram-Sin)을 소개하고자 한다. 주전 2250년경 아카드(Akkad) 제국의 제4대 왕으로 등극한 그는 '사방의 왕'(King of the Four Quarters), '만왕'(King of the Universe)이란 존호를 취했고, 급기야는 '아카드의 신'(God of Akkad)이란 칭호를 더해 메소포타미아 역사상 스스로를 신격화한 첫 통치자가 됐다. 그래서 그의 이름은 '신'을 뜻하는 기호 *를 사용해 *Naram *Sin으로 표기된다. 한편 1898년 수산(Susa)에서 발견된 승전비에는 나람-신이

나람-신 승전비 상단 부분[2]

군대를 이끌고 룰루비(Lullubi) 부족을 무찌르는 장면이 새겨져 있는데, 여기서 눈에 띄는 것은 그가 신을 상징하는 양각 뿔이 돋은 철모를 쓰고 사람의 두 배는 되는 큰 키의 용사로 우뚝 서 있다는 것이다.

이렇게 '신'의 형상을 하고 사람들 위에 군림한 나람-신은 이 기념비를 통해 무려 4,000년이 훨씬 지난 오늘까지도 그 이름을 알리고 있다. 이런 역사의 장면들을 마주할 때 다음 창세기 본문을 떠올리지 않을 수 없다.

"당시에 땅에는 네피림이 있었고 그 후에도 하나님의 아들들

이 사람의 딸들에게로 들어와 자식을 낳았으니 그들은 용사

라 고대에 명성이 있는 사람들이었더라"(창 6:4).

앞에서 살핀 두 경우와 마찬가지로 이 세 번째 해석의 틀
역시 한계가 없지는 않다. "하나님의 아들들이 사람의 딸들
의 아름다움을 보고(ראה, 라아) 자기들이 좋아하는(טוב, 톱) 모
든 여자를 아내로 삼는지라(לקח, 라캄)"(창 6:2). 이 본문은 한
집단이 다른 집단을 취하는 듯한 인상을 준다. 그런데 고대
근동의 왕들이 이렇게 집단으로 여자들을 취했다는 기록은
아직 없다는 점이 한계로 지적되고 있다.

결론적으로 이 세 해석은 여전히 가능성으로 남아 있을
뿐이다. 그런데 그중 어떤 해석을 따르더라도 달라지지 않
는 메시지가 있다. 눈으로 보기에(라아) 좋은(톱) 것을 취한(라
캄) 사람의 욕심이 초래한 결과는 하나님의 심판이었다는
사실이다. 창세기 6장 5절 이후로 다뤄지는 홍수 사건이 그
결과다. 이것은 에덴에서 범죄한 인간이 밟은 전철을 그대
로 밟는 것이었다.

"여자가 그 나무를 본즉(라아) 먹음직(톱)도 하고…그 열매를

따(라칼) 먹고…"(창 3:6).

에덴의 상실을 경험하고도 인간은 돌이킬 수 없는 죄의
길에 또다시 들어서고 만 것이다.

이제 열두 정탐꾼의 사건으로 다시 돌아가 보자. 가나안
족속을 본(라아) 정탐꾼들이 "하나님의 아들들"의 후손 네피
림과 가나안을 연관지어 생각한 것은 그들이 "거인"이라는
점이었다. 그러나 정작 그들이 연관지어야 했던 것은 죄에
서 돌이키지 않는 악인을 심판하시는 하나님 앞을 막아 설
자는 없다는 사실이어야 했다.

"네가 가서 그 땅을 차지함은…이 민족들이 악함으로 말미

암아 네 하나님 여호와께서 그들을 네 앞에서 쫓아내심이라"

(신 9:5).

이스라엘은 가나안을 심판하시고자 하는 하나님께 심판
의 도구로 선택되어 그 땅으로 향하고 있었다. 이미 심판을
작정하신 하나님을 어느 누가 막아 서겠는가. "하나님의 아
들들"의 죄를 홍수로 심판하신 하나님의 역사를 잘 살필 때,
가나안을 목전에 둔 전쟁에서 관건은 이스라엘의 승리이기

전에 하나님이 행하시는 심판이었다. 그 땅의 거인들은 하나님으로부터 이미 심판이 작정된 자들인 것이다.

아뿔싸! 하나님을 막아 선 것이 있기는 했다. 거인은 보면서 정작 그들을 심판하시는 하나님은 보지 못한 불신의 눈이 그것이다.

Q 묵상을 위한 질문

1. 다음이 의미하는 바를 생각해 보라. "우리는 해석적 선택을 하고
   해석적 확신을 유지함에 있어서 겸손해야 합니다. 우리는 틀릴 수
   있습니다."[3]

2. 당신은 성경을 읽거나 해석하고 나눌 때 어떻게 겸손을 실천하
   는가?

3. 말씀을 통해 하나님을 바라보라.

08 누가 바벨탑을 쌓는가?
-다시 쌓은 바벨탑

창 11장

노르웨이 사업가 마틴 스코엔(M. Schøyen)의 개인 소장 유물 중 하나인 '바벨탑 석판'(Tower of Babel Stele)은 느부갓네살(Nebuchadnezzar II)이 무너진 바벨탑을 재건했다는 기록과 함께 그 모양까지 새겨 놓은 것으로 유명하다.

여기서 느부갓네살은 다름 아닌 예루살렘을 함락시키고 유다 백성을 포로로 잡아간 바벨론의 왕이다. 주전 605년, 신바벨론(Neo-Babylon) 제국을 일으킨 나보폴라사르(Nabopolassar)의 뒤를 이어 바벨론의 통치자가 된 그는 주전 597년에 예루살렘으로 진격해 유다의 왕 여호야긴을 잡고 "예루살렘의 모든 백성과 모든 지도자와 모든 용사 만 명과 모든 장인과 대장장이를 사로잡아" 바벨론으로 끌고 갔다(왕하 24:14). 그리고 주전 586년에 이르러서는 아예 예루살렘과 솔로몬 성전을 불사르고 "비천한 자"를 제외한 모든 유대인들을 포로로 잡아갔다(왕하 25:12).

여러 사료를 바탕으로 당시 역사를 살필 때, 느부갓네살이 바벨탑 재건을 마친 것이 주전 590년경으로 추정되므로 그가 주전 597년에 끌고 간 유다의 "장인과 대장장이"들은 막바지에 이른 바벨탑 재건 현장에 투입되었을 것으로 추측할 수 있다.

"나는 [에테멘안키(E-temen-anki) 건축을 마치기 위해] 온 땅 [모든] 나라와 [각각의] 모든 수령…[바글거리는 사람들]…을 동원했다…강제 노역의 짐을 지웠다"(바벨탑 석판 비문 ii-iii단).[1]

위 비문이 언급한 에테멘안키는 느부갓네살이 다시 쌓은 바벨탑을 일컫는 명칭으로서 '하늘과 땅의 기초가 되는 전'이란 뜻이 있다. 그리고 이 공사는 탑 꼭대기에 신전을 지음으로 마무리됐다.

"그 꼭대기에는 나의 주 마르둑(Marduk)을 위한 거룩한 처소를 지었다"(에테멘안키 4단 원통 비문 140-143줄).[2]

이 얼마나 아이러니컬한 일인가. 유다 백성이 포로로 잡혀가 바벨탑 꼭대기에 바벨론의 주신 마르둑의 신전을 짓는 모습을 상상해 보라! 그리고 4년 후, 느부갓네살의 군대는 예루살렘과 솔로몬 성전을 불살랐다. 이는 여호와 하나님을 바알과 동일시하고 아세라상을 성전에 들인 유다 백성에게 임한 심판의 한 면이었다(왕하 21장).

이상의 내용을 정리해 보자. 누가 바벨탑을 다시 쌓았는가? 느부갓네살이다. 그 공사에는 타지에서 끌려온 포로들이 동원됐는데 그중에는 아마도 우상숭배로 하나님의 심판을 받아 포로로 끌려온 유다 백성도 있었을 것이다.

'바벨탑 석판'에 새겨진 탑의 남쪽 측면은 7층 구조를 보여 주는데, 다른 층들에 비해 1층의 고가 가장 높고, 2층에서 6층까지는 각각 비교적 고가 낮은 단층 토대를 이루며, 출입문이 있는 제7층은 신전 건물치고는 비교적 고가 높아서 내부적으로 두 층의 구조를 가졌을 가능성을 보여 준다. 1층은 중앙과 좌, 우 도합 세 개의 계단을 갖추었다.

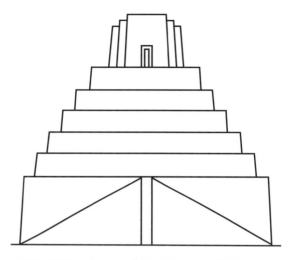

'바벨탑 석판'(The Tower of Babel Stele)을 바탕으로 복원한 탑 측면도

　다른 사료를 통해 그 크기를 계산해 보면, 탑의 1층 사면 모두 각각 넓이가 91m이고, 7층까지의 고 역시 91m다. 대충 현대의 30층 건물 높이와 같다고 할 수 있다. 바벨탑을 재건하는 과정을 느부갓네살은 다음과 같이 요약한다.

　　"…온 땅…[바글거리는 사람들]…을 동원했다…오지와 먼 섬에 이르기까지…에테멘안키…의 기초는 (흙을) 채워 높은 토대를 만들었고, 역청과 구운 벽돌로 구조를 쌓아 올려 해처럼 빛나게 했다…"(바벨탑 석판 중).

여기서 우리는 창세기 11장의 바벨탑 사건을 떠올리지 않을 수 없다. "온 땅…벽돌…역청…탑…꼭대기…하늘…" (창 11:1-4) 등 묘사된 장면들이 겹치기 때문이다. 그래서 궁금하다. 느부갓네살이 다시 쌓기로 한 그 탑이 바로 창세기 11장에 언급된 바벨탑이 아닐까?

아쉽지만 확실히 알 길은 없다. 느부갓네살이 다시 쌓은 바벨탑의 전신은 앗수르(Assyria)의 왕 산헤립(Sennacherib)이 주전 689년 바벨론을 정복할 때 허물었다고 한 것으로서, 그 탑이 언제 처음 지어졌는지는 고증 자료가 아직 없기 때문이다.[3]

그러나 느부갓네살이 탑을 다시 쌓을 때 그 이전 양식과 기법을 그대로 유지했다는 점을 미루어 볼 때, 이전 탑의 모양새가 새로 쌓은 탑과 흡사했으리라 추측해 볼 수 있다. 아울러 느부갓네살이 온 땅의 사람을 노예로 부려 탑을 쌓았다는 기록은 어쩌면 창세기 11장의 바벨탑 건축도 그런 착취와 강압으로 지어진 게 아닐까 짐작해 볼 근거를 마련해 준다. 성을 쌓아 이름을 알린 가인의 후예가 그 이름을 내기 위해 탑을 세우기에 이르고, 그 탑은 엄청난 양의 벽돌을 필요로 했다.[4]

"자, 벽돌을 만들어 견고히 굽자…우리 이름을 내고 온 지면에 흩어짐을 면하자"(창 11:3-4).

이스라엘은 누군가의 이름을 내기 위해 노예의 삶을 강요당하는 자들의 고통이 어떤 것인지 누구보다 잘 알았다(출 1:14). 그렇기에 유다가 망한 후 노예로 끌려가 느부갓네살을 위해 벽돌을 굽게 된 현실이 참으로 기막히지 않을 수 없었을 것이다.

느부갓네살이 다시 쌓은 바벨탑은 일단 그 터에 세워진 마지막 탑이 되었다. 메대(Media)와 바사(Persia)가 바벨론 제국을 무너뜨린 후 아하수에로(Xerxes 1)가 그 탑을 1차 허물었고(주전 484년, 참고로 아하수에로는 에스더서에 나오는 인물과 동일하다), 주전 4세기 말엽 헬라 제국을 일으킨 알렉산더(Alexander)가 탑을 다시 쌓고자 터를 걷어 낸 채 쌓지 못하고 죽고 말았기 때문이다.

하지만 과연 마지막이었을까? 인간은 분명 다른 어딘가에 터를 내고 그 탑 쌓기에 열중했을 것이다. 그것도 지속적으로. 그렇기에 성경의 마지막 책에까지 바벨론이라는 이름 석자가 등장하는 것 아니겠는가.

"이마에 이름이 기록되었으니…바벨론이라"(계 17:5).

참으로 인간은 집요하다. 오직 주께서 참으시기에 우리에게 구원의 소망이 있다.

"우리 주의 오래 참으심이 구원이 될 줄로 여기라"(벧후 3:15).

Q 묵상을 위한 질문

1. 하나님은 아브람에게 그의 이름을 창대하게 하고 큰 민족을 이루게 하리라 약속하신다(창 12:2). 하나님이 말씀하신 이름의 창대함은 무엇을 의미할까?

2. 인간이 쌓은 탑이 그 기능을 할 수 없는 이유는 무엇일까?

09 우리를 옮기시는 하나님의 뜻은 무엇일까?

-너를 이끌어 낸 여호와

창 11-12장

"우리 조상 아브라함이 하란에 있기 전 메소보다미아에 있을 때에 영광의 하나님이 그에게 보여 이르시되 네 고향과 친척을 떠나 내가 네게 보일 땅으로 가라 하시니 아브라함이 갈대아 사람의 땅을 떠나 하란에 거하다가 그의 아버지가 죽으매 하나님이 그를 거기서 너희 지금 사는 이 땅으로 옮기셨느니라"(행 7:2-4).

이 말씀을 창세기 11-12장의 맥락에서 읽으면 몇 가지 차이점이 발견된다.

첫째, 아브라함이 "그의 아버지가 죽으매" 하란을 떠나 가나안으로 이주했다는 내용이다(행 7:4). 하지만 창세기 11-12장을 바탕으로 당시 상황을 재구성해 보면 그 아버지 데라는 아브람이 하란을 떠난 후에도 육십 년을 더 살았을 것으로 보인다. 그 이유는 "아브람이 하란을 떠날 때에 칠십 오세"였고(창 12:4), 데라는 "칠십 세에 아브람"을 낳아(창 11:26) "이백오 세"에 죽었기 때문이다(창 11:32). 계산해 보면, 아브람이 하란을 떠날 때 데라의 나이는 145세로, 그가 죽기까지 육십 년의 기간이 더 남는 것이다. 따라서 아브라함이 "그의 아버지가 죽으매" 하란을 떠났다는 사도행전의 언급은 창세기 11-12장의 내용과 일치하지 않는다는 문제를 야기한다.

하지만 이 문제는 사본학적으로 비교적 쉽게 해결된다. 개역개정 번역의 바탕이 되는 구약 원문은 마소라 전통의 히브리어 사본과 헬라어 번역본인 70인역(Septuagint)인데, "이백오 세"는 바로 이 사본들에 근거한 것이다. 하지만 또 다른 사본인 사마리아 오경(Samaritan Pentateuch)은 데라의 연수를 "백사십오 세"로 기록하고 있기에, 이 후자를 따른다면 아브람이 하란을 떠난 것은 스데반의 설교에 언급된 대로 정확히 그 아버지 데라가 죽은 후가 된다. 성경을 살필 때 사본 비교가 중요한 이유가 여기에 있다.

둘째, 스데반은 아브라함이 "네 고향과 친척을 떠나 내가 네게 보일 땅으로 가라"(행 7:3)는 하나님의 지시를 받은 것이 "하란에 있기 전 메소보다미아에 있을 때에"라고 했다 (행 7:2). 하지만 창세기 12장 1절에서 아브람이 이 지시를 받은 것은 "하란에 있기 전"이 아닌 하란에 있을 당시였다. 그리고 이 지시를 따라 하란을 떠났다(창 12:4). 그렇다면 스데반은 무엇을 근거로 아브라함이 부르심을 받은 것이 "하란에 있기 전"이라고 한 걸까?

우선 스데반 당시를 살피자면, 아브라함의 부르심이 갈대아인의 우르에서 시작되었다는 이해는 신약시대 유대인들 사이에서 일반적인 내용이었던 것으로 보인다. 필로(Philo)나 요세푸스(Josephus)의 글이 이를 잘 반영한다.[1] 따라서 스데반은 그의 설교를 구성함에 있어서 자신과 그의 유대인 청중이 가졌던 이해를 바탕으로 아브라함의 부르심을 다루었다고 할 수 있다.

그런데 하나님이 아브라함을 갈대아인의 우르에서 부르셨다는 이해는 신약시대 이전, 구약성경에 이미 등장하고 있다. 느헤미야 시대에 유대 백성들이 율법을 듣고 이스라엘의 불순종의 역사를 돌아보며 죄를 자백하는 기도 가운데 여호와께서 아브람을 "갈대아 우르에서 인도하여" 내셨다는 표현이 나온다(느 9:7). 또 가나안 정복 시대에 여호수아가 이스라엘 모든 지파를 세겜에 불러 모은 뒤 역사를 되짚

으며 우상을 버리고 하나님만을 섬길 것을 촉구하는 가운데 "아브라함을 강 저쪽에서 이끌어" 내셨다는 하나님의 말씀을 전한다(수 24:3). 그리고 아브람 당시에 이미 하나님께서 그를 "갈대아인의 우르에서 이끌어" 내셨다고 말씀하신 바 있다(창 15:7).

이렇게 볼 때, 비록 아브람이 부르심을 경험한 것은 하란에서였지만 하나님의 부르심의 계획은 아브람이 갈대아인의 우르에 있을 때 이미 실행되고 있었다는 것이 이 사건을 설명하는 성경의 일관된 시각이라 정리할 수 있겠다. 결국, 데라가 "갈대아인의 우르를 떠나 가나안 땅으로 가고자"(창 11:31) 했다는 계획과 의지는 곧 데라의 아들 아브람을 아브라함으로 만드시고자 한 하나님의 섭리 안에서 진행된 사건인 것이다.

아브람이 아브라함 되는 삶

여기서 우리는 잠시 데라가 이민자였다는 사실을 떠올릴 필요가 있다. 사랑하는 아들이 세상을 떠난 뒤, 데라는 남겨진 손자와 또 다른 아들 아브람, 자부 사래를 이끌고 이민

길에 올랐다. 낯설고 물 선 이국땅에서 그가 감당했을 어려움과 수고는 말로 다할 수 없었을 것이다. 이국땅에서 가족의 보금자리를 마련코자 애쓴 이민 1세인 데라가 가장 바란 바는 무엇일까? 그 자녀가 새 땅에서 부모 세대보다 더 잘되는 것이 아니었을까? 그렇게 봤을 때 데라의 이민 결정은 결과적으로 옳은 것이었다. 그 아들 아브람이 이국땅에서 믿음의 조상이라 일컬어지기에 이르렀기 때문이다. 이 모든 것이 데라가 "가나안 땅으로 가고자"(창 11:31) 한 데서 시작되지 않았는가.

그런데 스데반의 지적은 데라가 그 공을 차지하기 어렵게 만든다.

"하나님이 그를 거기서 너희 지금 사는 이 땅으로 옮기셨느니라"(행 7:4).

데라는 그 자신이 아브람을 데리고 이민을 왔다 생각했겠지만, 성경은 아브람을 "이 땅으로" 옮기신 분이 하나님이라고 분명하게 말씀하고 있다.

21세기는 실로 많은 이주자들의 시대다. 이민은 물론, 유학, 취업, 난민 등 다양한 이유로 많은 인구가 이주자로 살고 있다. 오늘을 사는 이주자들에게도 같은 공식을 적용할 수 있을까? 우리의 자녀를 우리가 아닌 하나님이 "이 땅으로" 옮기셨다고 말이다. 만약 그렇다면 우리 자녀들이 이 땅에서 맞이할 삶과 미래는 우리의 계획이 아닌, 철저히 하나님의 계획과 섭리하심 가운데 인도되어야 한다는 고백이 따라야 할 것이다. 아브람이 데라가 아닌 하나님의 섭리에 따라 아브라함으로 살게 된 것처럼, 오늘날 이민자, 이주자, 난민의 자녀들 역시 그 부모가 아닌, 하나님의 섭리에 따라 이 땅에서 아브람이 아브라함 되는 삶을 살게 될 것이기 때문이다.

그래서 "옮기셨느니라"(행 7:4)는 표현의 배경을 조금 더 자세히 살펴보자. 그 배경은 이미 앞에서 언급한 대로 느헤미야 9장 7절이며 여호수아 24장 3절과 창세기 15장 7절로 거슬러 올라간다. 특히 창세기 15장 7절에서 하나님은 아브람과 언약을 맺고자 하시며 스스로를 가리켜 "나는…너를 갈대아인의 우르에서 이끌어 낸(הוצאתיך, 호쩨티카) 여호와"라고 하셨다. 그리고 수백 년이 지난 뒤 시내산에 당도한 이스라엘 백성에게 하나님은 이 문장의 틀을 가지고 자신을 나타내셨다.

"나는 너를 애굽 땅, 종 되었던 집에서 인도하여 낸(הוצאתיך, 호 쩨티카) 네 하나님 여호와니라"(출 20:2).

아브람을 갈대아인의 우르에서 이끌어 낸 여호와가 바로 이스라엘을 애굽에서 인도하여 낸 하나님 여호와이시며, 이제 아브람과 그랬듯이 이스라엘과 언약을 맺을 것임을 옛적의 문장의 틀을 통해 나타내신 것이다.

"너는 너의 고향과 친척과 아버지의 집을 떠나 내가 네게 보여 줄 땅으로 가라 내가 너로 큰 민족을 이루고 네게 복을 주어 네 이름을 창대하게 하리니 너는 복이 될지라"(창 12:1-2)

이 약속은 이스라엘이 출애굽하여 시내산 앞에 이르렀을 때 이미 그들 가운데 성취되어 있었고 그들 스스로가 이 사실의 증인이었다. 그리고 "땅의 모든 족속이 너로 말미암아 복을 얻을 것이라"(창 12:3) 하신 약속은 이제 "너희는 모든 민족 중에서 내 소유가 되겠고 너희가 내게 대하여 제사장 나라가 되며 거룩한 백성이 되리라"(출 19:5-6)는 비전이 되어 그들에게 주어졌다.

하나님은 세우신 언약의 말씀을 그때도, 지금도 변함없이 지키고 이루신다.

　이민자, 이주자, 난민의 경험은 종종 하나님의 구원의 은총으로 이어지곤 한다. '옮기심' '인도해 내심' '이끌어 내심'은 궁극적으로 '구속하심'의 테두리 안에 있는 표현들이기 때문이다. 하나님의 구원의 역사는 갈대아 우르에서, 또 애굽에서 그의 백성을 이끌어 내셨듯이 죄와 사망의 권세로부터 그의 자녀들을 이끌어 내신다. 아브람을 우르에서 "이끌어" 내어 아브라함 되게 하신 하나님. 또 그의 후손들을 애굽에서 "이끌어" 내어 이스라엘 되게 하신 하나님. 그 동일한 섭리 가운데, 이제 예수님의 죽으심과 부활하심으로 죄와 사망에서 "이끌어" 내심을 받은 우리는 크리스천, 즉 메시아 예수의 제자로 오늘을 살아가고 있다.

Q 묵상을 위한 질문

1. 이민자, 이주자, 난민의 경험이 어떻게 '이끌어 내심'과 '구속하심'
   의 경험으로 이어질 수 있을지 생각해 보라.

2. 자신 또는 이웃 중에 그런 경험을 찾을 수 있다면 함께 나눠 보라.

10 하나님은 왜 기근으로 이끄시는가?

- 하필이면 기근의 때에

<u>**창 12:10**</u>

애굽을 나선 이스라엘에게 창세기 12장 10절은 많은 의문을 갖게 하는 본문이었을 것이다.

　　"그 땅에 기근이 들었으므로 아브람이 애굽에 거류하려
　　고 그리로 내려갔으니 이는 그 땅에 기근이 심하였음이라"
　　(창 12:10).

　이스라엘 백성은 애굽을 떠나 가나안에 가고자 하는데, 조상 아브람은 가나안을 떠나 애굽으로 갔다는 것이다. 그것도 기근 때문에.
　하나님의 이끄심을 따라 갈대아 우르, 하란을 뒤로하고 가나안에 당도한 아브람과 그의 식솔을 기다리는 것은 그 땅의 기근이었다. 그동안 메소포타미아(Mesopotamia)에서 강을 끼고 살던 아브람에게 기근이란 경험해 본 적도, 또 상상해 본 적도 없는 난관이었을 것이다. 근동 지역에서 기근이란 농사 지을 물이 부족해서 생기는 재해였다. 그런데 하란의 경우 유브라데(Euphrates)강의 상류인 발릭(Balik)강을 끼고 있고, 특히 갈대아 우르는 유브라데강과 힛데겔(Tigris)강이 합류하는 지점에 있어 필요한 물을 어느 때나 끌어 쓸 수 있는 땅이었다. 그래서 고대로부터 메소포타미아 지역에서는 수자원 부족으로 인한 기근을 염려하지 않아도 되었고, 인구 순위가 곧 국력의 순위였던 당시 큰 나라는 자연히 많은 인구를 지탱할 수 있는 큰 강 주변에 세워졌다.

이렇게 강이 수자원이던 메소포타미아와는 달리, 가나안은 비가 곧 수자원인 땅이었다. 이 점은 지금도 그러하다. 2018년, 이스라엘 북부에 위치한 갈릴리 호수는 그동안 계속 줄어든 강수량으로 인해 그 수위가 지난 100년간 가장 낮은 수치를 기록했다. 이에 이스라엘 정부는 2억 7천만 달러(약 3600억) 규모의 예산을 책정해 지중해 물로 갈릴리 호수를 채우는 해수 담수화 시설을 설치하기로 했다.[1]

아브람은 가나안에 기근이 닥치자, 마치 21세기의 이스라엘이 해수를 담수로 바꾸는 대안을 냈듯, 가나안에서 가까운 큰 강 나일(Nile)을 찾아 애굽으로 내려갔다(창 12:10). 75년을 유브라데와 힛데겔강을 끼고 살던 그가 하루아침에 삶의 패턴을 바꾸기는 쉽지 않았을 것이다. 더욱이 비를 받아 사는 땅에 비가 내리지 않으니 무얼 어찌할 수 있었겠는가? 비록 "부르심을 받았을 때에 순종하여"(히 11:8) 길에 올랐으나, 막상 맞닥뜨린 현실은 그가 감당할 수 있는 것이 아니었다. 과연 가나안이 기근의 우려가 있는 땅인 줄 미리 알았다면 따라나섰을까? 그가 "장래의 유업으로 받을 땅에 나아갈 새 갈 바를 알지 못하고"(히 11:8) 나아갔다는 말씀은 아브람이 그 땅의 형편을 모르고 떠났음을 짚어 주고 있는지도 모른다.

기근은 당시 그 땅에 거주하던 가나안인들에게는 강수량 부족이라는 자연재해였을지 모르지만, 이민자 아브람에게는 사회적 문제까지 가중해 더 어려웠을 것이다. 이는 창세기 12장 6-9절에서 가나안에 당도한 아브람의 이동 패턴을 보면 알 수 있다.

아브람은 "세겜 땅 모레 상수리나무"(창 12:6)에 이르러 첫 제단을 쌓았으나 거기에 머무르지 않고 "벧엘 동쪽 산으로 옮겨 장막을"(창 12:8) 친 후 다시 제단을 쌓는다. 하지만 여기서도 머무르지 않고 "점점 남방으로 옮겨"(창 12:9) 간다. 가나안의 북쪽에서 점점 남쪽으로 옮겨 갔다는 것인데, 이는 그 땅의 특성상 강수량이 상대적으로 높은 곳에서 더 낮은 지역으로 이동했음을 말한다.[2] 그렇지 않아도 강수량의 부족으로 기근이 든 땅에서 아브람은 왜 점점 더 열악한 환경으로 이동한 걸까?

본문의 세 문구가 힌트를 준다.

"그때에 가나안 사람이 그 땅에 거주하였더라"(창 12:6).

여기서 그 땅은 아브람이 첫 제단을 쌓은 세겜 땅을 말한다. 아브람이 제단을 쌓은 곳 중 가장 북쪽 즉, 강우량이 가장 많아서 상대적으로 그나마 살 만한 곳이다. 그런데 그 땅은 이미 가나안 사람이 차지하고 있었다. 다시 말해 그 땅은 아브람과 같은 이방인이 발붙이고 살 수 있는 땅이 아니었다는 것이다.

자연과 인심에 기근이 든 땅

아브람은 결국 세겜에서 "벧엘 동쪽"(창 12:8)으로 옮겨 간

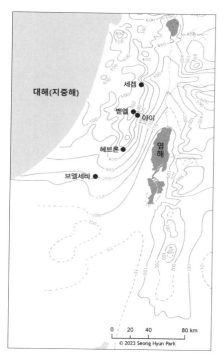

이스라엘의 연 강수량

다. 벧엘 동쪽은 세겜보다 남쪽에 위치했기에 강수량이 상
대적으로 낮고, 특히 동쪽으로는 유다 광야가 이미 시작되
는 지역이다. 바로 그 "동쪽", 광야 가까운 곳에 그가 자리를
잡았다. 다시 말해 더 열악한 곳으로 옮겨 그중에서도 가장
안 좋은 자리로 갔다고 볼 수 있다.

아브람은 거기서 "장막"(창 12:8)을 쳤다. 아브람이 그 지역에서 가나안 사람들의 환대를 받았다면 그 성에 들어가 그들이 건기를 대비해 마련한 수조 시설에서 물을 공급받을 수 있었을 것이다. 하지만 아브람은 그 성에 들어가지 못하고 외곽에 "장막"을 쳐야 했다. '장막'은 아브람이 철저히 이방인으로, 객으로 지냈음을 암시한다.

가나안 사람들의 텃세가 심했던지, 아브람은 벧엘 동쪽의 장막 생활도 얼마 지속하지 못하고 "점점 남방으로 옮겨"(창 12:9) 갔다. 더 이상 텃세를 부릴 가나안 사람이 있지 않은 곳, 척박해 아무도 살고자 하지 않는 땅, 메말라 곡물이 자라지 않는 땅에 이르러서야 그는 마음 놓고 장막을 칠 수 있었던 것 같다.

너나없이 가뭄으로 시달리는 땅에서 이민자로 살기 시작한 아브람에게 물을 나눠 줄 사람은 아무도 없었다. "내가 네게 보여 줄 땅으로 가라"(창 12:1)는 말씀을 따라 고향을 떠나왔건만 막상 그 땅은 자연과 인심에 기근이 든 땅이었다. 이 얼마나 어처구니없는 상황인가. 어떻게 하나님은 "내가 너로 큰 민족을 이루"(창 12:2)겠다는 약속을 유브라데도, 힛데겔도 없는 기근의 땅을 두고 하실 수 있단 말인가. 큰 민족은커녕 한 가족의 생명조차 부지할 수 없겠는데 말이다.

새 땅에서의 새 삶이 옛 땅에서의 옛 삶만 못했을 때, 아브람은 나일강이 흐르는 애굽으로 눈을 돌린다. 다시 한번 큰 강에 자신과 식솔의 생계를 의탁해 보려는 것이다. 하지만 그 결과는 처참했다. 사래를 빼앗기고 바로로부터 질책을 받는 수치를 당했으니 말이다.

그럼에도 불구하고 하나님은 이런 아브람에 대해 두 가지를 기록하게끔 하셨다. 그가 하란을 떠날 때 "아브람이 여호와의 말씀을 따라갔고"(창 12:4), 가나안에 이르러서 그 땅 사람들 사이에서 객으로 사는 중에도 여호와께 "제단을 쌓"았다는 사실이다(창 12:7, 8). 이 사실을 기억하시는 하나님의 선대하심 가운데 아브람은 아브라함이 되어 갈 것이다.

그럼에도 불구하고 의문은 여전히 남는다. 왜 하나님은 기근의 때에 아브람을 가나안으로 부르셨을까?

Q 묵상을 위한 질문

1. 기근 한가운데로 인도함을 받은 경험이 있는가?

2. 내 주변의 이민자, 이주자, 난민들에게 어떤 도움과 격려가 필요할지 나눠 보라.

11 비로소 이생의 안목이 아닌
   믿음의 눈으로

－눈을 들어…바라보라

창 12-13장

아브라함의 신앙 여정에서 '바라봄'은 중요한 주제다. 특히 창세기 12-13장에서는 땅을 보는 시각이 두드러지게 나타난다.

"내가 네게 보여 줄 땅으로 가라"(창 12:1).

아브람이 이 부르심을 받았을 때 그에게 가나안 땅은 막연하면서도 기대가 되는 곳이었을 것이다. 하나님이 부르시고 보여 주시고자 하는 땅이니 어떻게 기대가 되지 않았겠는가?

여행자가 여행을 떠나기 전, 이민자가 그 이주를 준비할 때, 또 예비 선교사가 부름 받을 땅을 두고 기도할 때 그 마음에는 설렘이 있다.

하지만 목적지가 현지가 되면서부터 문제에 부딪히게 된다.

"이에 아브람이 여호와의 말씀을 따라갔고…마침내 가나안
땅에 들어갔더라"(창 12:4-5).

설렘은 사그라들고 기대감은 기대치 않은 당황스러움으
로 대치된다. 특히 기대와 상반되는 현지가 앞으로 뿌리를
내리고 영원히 살 곳이라면 더욱 그렇다.

"내가 이 땅을 네 자손에게 주리라"(창 12:7).

여기서 잠시 문맥을 살피자면 "그때에 가나안 사람이 그
땅에 거주하였더라"(6절)는 기록이 바로 앞에 있고, 6절 문장
의 "그 땅"을 하나님은 "이 땅"(הארץ הזאת, 하아레쯔 하졷)이라 지
칭하시며 주겠다고 약속하신 것이다. 이때 아브람은 이미
가나안에 들어가 세겜 땅 모레 상수리나무에 이르러 "그 땅"
에 거주하기 시작했고, "자기에게 나타나신 여호와께…제
단을 쌓"고 있었다(창 12:7). "그 땅"이 "이 땅"이 된 그 중요한
시점, 그때 아브람의 눈을 가득 채운 것은 다름 아닌 기근이

었다.

아브람은 당장에 애굽으로 눈을 돌렸다. 비가 내리지 않아도 살길이 있는 곳, 나일강이 물을 대주는 땅이다. 아브람은 자신의 경험을 토대로 애굽으로 시선을 돌린 것이다. 당시 가나안과 주변 지역 사람들은 기근이 들었을 때 애굽으로 피신했다. 아브람은 가물 때 강을 찾아야 한다는 사실을 너무나 잘 알고 있었다. 지난 75년을 큰 강을 낀 땅에서 살았기 때문이다. 더군다나 타지에서의 삶을 막 시작한 그로선 또 한 번 이주하는 것이 그리 어려운 일이 아니었을 것이다. 가나안 사람들에게는 힘들었을 애굽행이 이민자인 그에게는 상대적으로 수월한 결정이었을 수 있다.

이렇게 아브람은 "너의 고향과 친척과 아버지의 집을 떠나"라는 말씀을(창 12:1) 거스르지 않으면서도 여전히 강을 끼고 살 수 있는 길을 찾아 애굽으로 내려갔다. 거기서 그는 잠시 잊고 살던 강을 다시 보았다. 하나님의 부르심을 받기 이전 그의 삶의 원천이던 강이 그 땅에는 굵고 힘있게 흐르고 있었다. 고향에서와 마찬가지로 그 강에는 주인이 있었고 그 주인인 바로의 궁이 눈에 들어오자 자신도 사래도 다시 옛 모습으로 돌아가고 말았다.

하지만 바로의 궁에 들인 사래가 아브람의 아내임이 밝혀

지면서 그는 죽음보다 더한 수치를 당하고 아내를 되찾아 가나안으로 돌아온다. 이 사건에는 하나님의 강권적인 개입이 있었다. 하나님이 바로의 집에 큰 재앙을 내리셔서 장차 약속의 씨를 잉태할 사래를 되찾아 주신 것이다.

비로소 안목이 생긴 아브람

그렇게 돌아온 가나안, 그러나 형편은 달라진 게 없었다. 여전히 가나안 사람이 그 땅을 차지하고 있었고(창 13:7), 수자원이 부족한 그 땅에서 아브람과 롯은 가축을 먹이기가 어려웠다(창 13:6). 급기야 아브람과 롯의 목자들이 서로 다투는 상황까지 벌어졌다(창 12:7).

이때 아브람이 보여 준 모습은 이전의 애굽으로 향하던 아브람과 확연한 차이를 보인다. 아브람은 더 이상 자신의 안목으로 땅을 바라보고 있지 않다.

"아브람이 롯에게 이르되 우리는 한 친족이라 나나 너나 내 목자나 네 목자나 서로 다투게 하지 말자 네 앞에 온 땅이 있지 아니하냐 나를 떠나가라 네가 좌하면 나는 우하고 네가 우하면 나는 좌하리라"(창 13:8-9).

이에 반해 롯의 눈은 여전히 강을 바라보고 있다.

"이에 롯이 눈을 들어 요단 지역을 바라본즉 소알까지 온 땅
에 물이 넉넉하니 여호와께서 소돔과 고모라를 멸하시기 전
이었으므로 여호와의 동산 같고 애굽 땅과 같았더라 그러므
로 롯이 요단 온 지역을 택하고 동으로 옮기니 그들이 서로
떠난지라"(창 13:10-11).

아브람과 롯 사이에 이 같은 대화가 오간 곳은 벧엘과 아
이 사이였다(창 13:3). 거기서 보면 동쪽에 펼쳐진 요단 지역
이 한눈에 들어온다. 거기에는 비록 1년 유출량이 나일강의
하루 유출량에도 못 미치는 보잘것없는 강이지만, 가나안
에서 유일하게 1년 내내 흐르는 요단강이 있다. 롯은 그 강
줄기를 주목했고, 아브람은 롯에게 그 지역을 양보했다.
그런 아브람에게 하나님은 이렇게 말씀하신다.

"너는 눈을 들어 너 있는 곳에서 북쪽과 남쪽 그리고 동쪽과
서쪽을 바라보라 보이는 땅을 내가 너와 네 자손에게 주리니

영원히 이르리라 내가 네 자손이 땅의 티끌 같게 하리니 사
람이 땅의 티끌을 능히 셀 수 있을진대 네 자손도 세리라 너
는 일어나 그 땅을 종과 횡으로 두루 다녀 보라 내가 그것을
네게 주리라"(창 13:14-17).

"보이는 땅", 정확하게 말하면 '네가 보고 있는 모든 땅'
(כל-הארץ אשר-אתה ראה, 콜–하아레쯔 아셰르–아타 로에)이다. 창세기
13장에 이르러 아브람은 비로소 "그 땅"을 하나님이 보여
주고자 하신 대로 보기 시작했다. "그 땅"의 원천은 더 이상
강이 아니었다. 오직 하나님의 약속이 "그 땅"에서의 삶의
근원임을 드디어 믿음의 눈으로 보기 시작한 것이다. 그 믿
음의 눈은 장차 가나안에 들어와 살게 될 아브라함의 후손
들이 가져야 할 가장 중요한 자산이 될 것이다.

그로부터 수천 년이 지난 2022년 4월 9일, '점령지 인권을
위한 이스라엘 정보센터'(The Israeli Information Center for Human
Rights in the Occupied Territories)인 '베쩰렘'(בצלם)이 보도한 바에
의하면, 서안지구에 자리 잡은 이스라엘 정착민들이 요단
지역 팔레스타인인들의 목초지에 가축을 몰고 들어가 풀을
뜯겨 소요가 일어났다고 한다.[1] 같은 해 9월 11일에는 이스
라엘 정착민들이 요단 지역 팔레스타인 목초지에 사륜 오

토바이(ATV)를 몰고 들어가 양 무리를 흩고 목자를 몰아내어 더 이상 양을 칠 수 없게 했다. 그 사태는 10월 1일까지 지속됐다.[2] 요단 지역에서 거의 매일 벌어지는 수많은 사태들 중 지극히 작은 사건들에 불과하지만, 이런 충돌은 마치 아브람과 롯의 목자들 사이에서 벌어진 다툼을 연상케 한다.

현재 요단 지역은 그 상당 부분이 요단강 서안지구(West Bank)에 포함되어 있다(126쪽 지도의 사선 부분). 1967년 전쟁의 승리로 서안지구를 차지했던 이스라엘은 1994년 오슬로 협정(Oslo Accords)에 따라 가자지구와 서안지구의 통치권을 팔레스타인 자치정부에 넘겨주었다. 그러나 이후 군 통제구역, 군 훈련지역, 국유지, 정착촌, 자연보호구역 등의 개념을 동원해 서안지구에 속한 요단 지역을 여리고를 제외하곤 모두 다시 점령해 버렸다. 그리고 2019년, 당시 이스라엘 총리인 빈야민 네탄야후는 이스라엘이 이 지역에서 철수하는 일은 다시 없을 것이라고 선언했다.

이처럼 오늘날 이스라엘에게 요단 지역은 꼭 되찾아야 할, 다시는 양보할 수 없는 정치, 경제, 군사적 요지로 인식되고 있다.

그래서 창세기 13장의 아브람이 놀랍다. 이렇게 중요한 요단 지역을 롯에게 양보했으니 말이다.

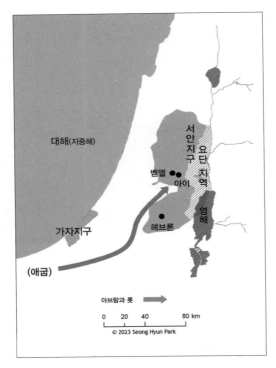

이스라엘 서안지구와 요단 지역

Q 묵상을 위한 질문

1. 땅을 바라볼 때 믿음의 눈으로 보고 있는가?

2. 아브람이 요단 지역을 롯에게 양보한 것과 같이 당신도 그러한 경험이 있는가?

12 내 안에 있는 기근은 무엇인가?

- 사래의 기근

창 16:2

가나안 땅에 찾아든 기근은 아브람으로서는 도저히 해결
할 수 없는 문제였다. 앞으로 그 땅에서 여러 민족의 아버지
가 되는 약속을 받았지만, 정작 아브람은 식솔의 끼니조차
책임질 수 없었다. 아브람은 결국 식솔을 이끌고 나일강이
흐르는 애굽으로 내려가 닥친 기근의 문제를 해결하고자
했다(창 12:10). 이것이 그가 75세에 가나안의 기근을 보고 취
한 행동이었다.

　사래에게도 큰 고민이 있었다. 여러 민족의 어머니가 되는
약속을 받았지만, 정작 슬하에 아이가 없는 것이다(창 16:1).
사래는 자신의 여종 하갈을 통해 아이를 얻고자 남편 아브
람의 침소에 하갈을 들여보냈다.

"사래가 아브람에게 이르되 여호와께서 내 출산을 허락하지 아니하셨으니 원하건대 내 여종에게 들어가라 내가 혹 그로 말미암아 자녀를 얻을까 하노라 하매 아브람이 사래의 말을 들으니라"(창 16:2).

이것이 아브람과 사래가 "가나안 땅에 거주한 지 십 년 후"(창 16:3), 즉 사래의 나이 75세에 자손을 얻기 위해 취한 행동이었다. 사래에게 "출산하지 못"함(창 16:1)은 그로선 해결할 수 없는 기근이었다.

구약시대 근동 사람들은 여자를 가사경제에 가장 중요한 자원으로 여겼다. 결혼과 동시에 여자는 가업의 절반을 감당했고, 여자가 출산한 자녀, 특히 아들은 가사경제를 위한 노동력을 제공했다. 그랬기에 출산하지 못한다는 것은 노동력을 보탤 수 없다는 의미이고, 이는 폐가를 초래하는 땅의 기근과 같은 것이었다. 그래서 기근과 함께 불임은 신의 저주로 간주되었고, 혼인계약서에 이런 사태를 대비해 다양한 장치를 마련했는데 그것은 이렇다.

1. 이혼하고 새 아내를 맞는다.
2. 본처와 동등한 후처를 들인다.

3. 첩을 들인다.

4. 양자를 들인다.

창세기 16장에서 사래는 남편에게 3번에 해당하는 첩을 들이는데, 도대체 왜 아브람이 아닌 사래가 그 일을 주도하는지 자못 궁금하다.

이와 관련해 주전 15세기경 메소포타미아의 누지(Nuzi)에서 작성된 한 토판 문서(H67)의 내용이 흥미롭다. 어느 가문에서 양자를 들인 뒤 결혼을 시키는데, 양자와 그의 아내 사이에 자녀와 관련하여 다음과 같은 조건이 명시된다.[1]

"셴니마(Shennima)의 아내로 길림니누(Gilimninu)가 주어졌다. 길림니누가 아이를 낳으면 셴니마는 다른 아내를 취해서는 안 된다. 그러나 길림니누가 출산하지 않을 경우, 길림니누는 셴니마의 첩으로 룰루(Lullu)의 한 여자를 들여야 한다"(Nuzi 문서 H67).

놀랍게도 아내(길림니누)는 자신이 아이를 못 가질 경우 남편(셴니마)을 위해 첩을 들여야 한다는 것이다. 비록 누지 문서와 아브람 시대 사이에는 시간적 차이가 있기는 하지만,

창세기 16장에서 사래가 취한 행동이 혼인, 상속과 관련된 고대 근동의 전통을 반영한다는 점에서 누지 문서의 내용이 흥미롭다. 이렇게 두 장면을 함께 살필 때, 사래는 아이를 못 갖는 아내로서 관행에 따라 남편에게 첩을 들인 것이라 하겠다.

하지만 문제가 있었다. 하나님의 뜻은 사래가 약속의 씨를 낳는 것이었기 때문이다(창 17:16). 그런 까닭에 아브람이 식솔을 이끌고 애굽에 내려갔을 때, 하나님은 강권적으로 개입해 사래를 보호하시고 아브람의 품으로 돌아가게 하셨다(창 12:17-20).

기근이 들어 강을 찾은 것이나 불임 때문에 첩을 들인 것을 당시 누가 탓할 수 있을까? 그러나 하나님의 뜻은 관행이 아닌 믿음으로 바라보아야 했다. 하지만 당시 75세의 사래는 이전 75세의 아브람처럼 아직 그 믿음의 눈을 뜨지 못하고 있었다.

믿음의 눈을 뜨기 전 애굽을 붙잡았던 아브람은 그 땅에서 죽음보다 더한 수모를 겪었고, 믿음이 없는 사래는 자신이 남편에게 들인 애굽 여종으로 인해 "멸시"를 당하게 되었다(창 16:4). 그 멸시로 인한 "모욕"이 얼마나 컸던지 사래는 "여호와께서 판단하시기를" 요구했고(창 16:5), 아브람은 사래에게 "좋을 대로…행하라"고 무책임하게 대답했다(창 16:6).

이에 따라 사래가 하갈을 학대하자, 하갈은 "사래 앞에서 도망하였"다(창 16:6).

여기서 사래가 하갈을 내쫓은 것이 아니라는 점을 주목하라. 앞서 언급한 누지 문서에 이에 해당하는 부분이 또 있다.

"길림니누는 첩과 그 자식을 내보내지 말아야 한다"(Nuzi 문서 H67).

첩이 아이를 가지면 본처가 첩이나 그 자식을 내보낼 수 없다는 규정이다. 이 내용에 비춰 볼 때, 사래가 하갈을 괴롭힐 수는 있어도 그를 내보낼 권한은 없었던 것으로 볼 수 있다.

하나님을 믿는 믿음만이 기근을 이긴다

기근, 그것은 우리의 실존을 흔드는 무서운 위협이다. 현실적으로 당면한 문제일 뿐만 아니라 하나님의 '저주'를 들먹이는 수군거림을 동반하기까지 한다. 그럴 때 우리는 당장 주변에 눈을 돌리지 않을 수 없다. 강이 애굽에 있고, 애굽 몸종이 곁에 있는데 어찌 붙잡지 않겠는가?

하나님을 믿는 믿음이 아니고는 애굽의 강을 떠날 수 없다. 하나님을 신뢰하는 믿음 없이는 몸종을 들이지 않을 수 없다. 하나님을 아는 믿음 없이는 약속의 씨를 낳을 수 없다.

많은 시간이 지나 이스라엘이 큰 민족을 이루어 애굽을 나왔을 때, 그 민족은 사라가 아브라함에게서 낳은 후손들이었다. 결국 하나님은 사래를 통해 하나님의 뜻을 이루신 것이다(창 21:2). 그 과정에서 사래는 사라가 되고(창 17:15) 멸시와 모욕(창 16:4-5) 대신 하나님의 웃게 하심이 그를 채울 것이다(창 21:6).

아이를 낳지 못한 사래, 그에게 기근은 자신 안에 있었다. 기근은 사래의 몸 안에 자리 잡고 그가 사라가 된 후에도 여전히 그의 마음을 메마르게 했다(창 18:12). 그러나 하나님은 이미 아브라함에게 말씀하셨다.

"아니라 네 아내 사라가 네게 아들을 낳으리니 너는 그 이름을 이삭이라 하라"(창 17:19).

그렇다. 사라에게는 하나님의 약속의 말씀이 이미 그와

함께하고 있었다. 비록 그가 감당하기에 기근은 너무도 길고 힘겨웠지만, 하나님은 이미 그를 "여러 민족의 어머니"로 택하셨고 그에게서 "민족의 여러 왕이" 날 것을 정하셨다(창 17:16). 그 하나님의 뜻을 누가 감히 방해할 수 있겠는가. 아무 소망이 없다 했던 그 안에 하나님은 약속을 심으셨고 그 약속은 결실하여 아들을 낳고 어머니가 되게 했다(창 21:1).

바로가 지운 힘든 고역과 학대 속에 자녀를 낳아 기른 히브리 어머니들, 또 그들을 도운 히브리 산파 십브라와 부아(출 1장). 이들은 모두 사라 못지 않은 기근을 안고 산 자들이었다. 비록 기근이 그들 가운데 있기는 했으나 하나님의 약속은 그들을 통해 이뤄져 백성은 번성했고 강해졌다(출 1:20).

Q 묵상을 위한 질문

1. 내 안에도 기근이 있는가?

2. 사라를 돌보신 하나님(창 21:1)은 오늘 나를 돌보신다. 하나님께서 어떻게 나를 돌보아 주시기를 원하는지 하나님께 아뢰라.

13 할례에도 값이 있을까?

-몸의 할례, 마음의 할례

창 17:10

할례에 드는 비용이 얼마일까?

3천 세겔, 미화로 930 달러이고 우리나라 돈으로 대략 120만 원. 2022년 기준으로 이스라엘에서 할례를 받을 때 드는 비용이다.[1] 이스라엘에서 비유대인 남자가 유대교로 개종하고자 할 때, 정통파 절차를 따르지 않는 한 이 비용을 개종자 개인이 부담해야 한다.

물론 정통파 절차를 따라 개종한다면 이 비용을 지원받을 수 있다. 정통파 공동체에 속해 매일 613개의 계명을 지키며 살면 되는 것이다. 2021년 3월, 이스라엘의 고등 사법 재판소가 정통파 절차를 따르지 않는 개종도 인정한다는 판결을 내려 보수파나 개혁파 절차를 통해서도 유대교도가 될 수 있는 길이 열리기는 했다. 하지만 할례 비용을 지원하

는 혜택은 현재 613개 계명을 준수하며 살아갈 개종자에게
만 주어지고 있다.

할례에는 비용만 드는 것이 아니다. 사실 할례를 떠올릴
때 가장 많이 논란이 되는 것은 그 절차가 수반하는 피의 고
통이다. 유대교로 개종하고자 하는 미할례 남성의 경우, 현
대 유대교에서는 마취를 동반한 외과적 절차와 종교적 절
차를 함께 따르도록 한다. 하지만 생후 8일째 되는 아이가
할례를 받을 때 전통적으로는 마취 없이 의식을 치러 왔다.
이때 설탕물이나 포도주가 가벼운 진정제 구실을 하고는
한다. 그러나 의식 자체가 어떻게 치러지든, 또 고통의 정도
가 어떠하든, 피를 흘린 상처가 아물기까지 고통을 경험하
게 된다.

이 때문에 개혁파에서는 부득이한 경우 할례를 받지 않고
도 유대교에 입교할 수 있도록 개종자의 편의를 봐 주기도
한다. 처음엔 이를 '특혜'라 생각할 수 있다. 613개의 계명을
준수하지 않아도 되고, 할례를 면제받았으니 3천 세겔을 지
불해야 할 의무도 없으며, 또 모헬(מוהל, 할례 집례자)이 쥔 칼
에 피를 보지 않아도 되니 말이다. 하지만 이렇게 '특혜'를
본 이가 오래지 않아 깨닫게 되는 것은 할례를 받지 않는 한
유대인들이 그를 동족으로 보지 않는다는 것이다. 할례를

위한 어떤 값도 치르지 않은 그는 오직 서류상 유대인일 뿐 인 것이다.

결국 따지고 보면 할례란 피를 흘리는 고통을 수반하는 의식인데, 누구는 돈을 내고 이 고통의 의식을 사고, 또 다른 누구는 율법을 지킴으로 피의 고통을 치를 자격을 얻는다. 참으로 쉽게 이해되지 않는 거래다.

이러한 유대인들의 할례 기원은 창세기 17장에 적혀 있다.

"너희 중 남자는 다 할례를 받으라 이것이 나와 너희와 너희 후손 사이에 지킬 내 언약이니라"(창 17:10).

아브람이 99세가 되었을 때 하나님께서 주신 명령이다 (창 17:1). 이때 하나님은 하나님과 아브라함의 후손 사이에 영원한 언약을 세우실 것을 약속하셨고, 이 할례의 언약을 세우시기에 앞서 먼저 아브람의 이름을 아브라함으로 바꿔 주셨다(창 17:5). 또 사래의 이름을 사라로 바꾸시며(15절) 그가 아들을 낳을 것이라 약속하셨다(19절). 그날 아브라함은 자신과 이스마엘 그리고 그의 집 모든 남자에게 할례를 행했다(23-27절).

하나님의 말씀대로 1년 후 이삭이 태어나고 아브라함은

8일 만에 이삭에게 할례를 행하였다(창 21:1-5). 이렇게 태어난 이삭은 할례자 아브라함이 사라에게서 낳은 첫 씨라는 점에서 미할례자 아브람이 하갈에게서 난 이스마엘과 확연하게 구분된다. 그리고 하나님은 그 할례의 씨 이삭을 통해 언약을 이어 갈 것을 말씀하셨다.

"내 언약은 내가 내년 이 시기에 사라가 네게 낳을 이삭과 세우리라"(창 17:21).

이렇듯 유대인들에게 할례는 하나님의 언약이 자신의 "살에"(창 17:13) 새겨져 있음을 나타내는 동시에 아브라함이 할례를 받고 낳은 첫 씨의 후손이라는 근본적 차별성, 즉 선민 신분의 표징이 된다.

물론 할례가 유대인들만의 독특한 전통은 아니다. 예를 들어, 고대 애굽인들은 족장시대 훨씬 이전부터 할례를 행했고, 가나안인들 역시 아브람이 그 땅에 당도하기 이전부터 할례를 행한 흔적이 있다. 그러나 하나님이 아브라함에게 명하신 할례는 생후 8일째인 갓난아기에게 그 의식을 행한다는 점에서 차별화된다. 예를 들어, 학자들은 고대 애굽인들의 할례를 사춘기를 지나는 사내아이의 통과 의례 내지는 결혼 전 사내의 생식기능과 연관된 것으로 본다. 이는 생후 8일째 되는 아기에게 행하는 이스라엘의 할례와 전혀 다른 것이다. 앞서 살펴보았듯이, 이스라엘의 할례는 하나님이 아브람과 그 후손들 사이에 세우신 언약의 표징이었다(창 17:7, 11). 그리고 이 언약은 "전능한 하나님"(창 17:1)이 친히 우리의 하나님이 되기로 자처하신(7-8절) 은총의 선물이었다. 이러한 언약 백성으로서의 삶은 전 생애를 통해 경험해야 하는 것이기에 이스라엘의 할례는 어린아이 때 받는 것이라고 폭스(E. Fox)는 보았다.[2]

이토록 귀한 할례가 뒷전으로 밀려나는 경우가 두 가지 있다. 하나는 무할례와 페리아 할례고 다른 하나는 마음의 할례다.

변형된 할례

무할례(epispasm, 참고, 고전 7:18)는 제2성전시대 때 헬라파 유대인들이 이방 사회에 보다 적극적으로 진출하고자 자발적으로 받기 시작한 '할례의 흔적을 없애는 시술'을 가리킨다. 이 무할례가 증가하는 추세를 막을 방도를 궁리하던 유대 랍비들은 결국 바르 코크바의 난(Bar Kokhbah Revolt, 주후 132-135년) 이후 유대인 디아스포라가 시작되면서 할례 의식에 페리아(פריעה) 시술법을 도입해 더 이상 무할례 시술을 할 수 없도록 조치한다. 이 변형된 페리아 할례가 오늘날 유대인들이 받는 할례로서, 무할례의 위협으로부터 할례를 지키기 위해 할례 자체를 변형시켜야 했던 유대인들의 열심을 반영한다. 앞에서도 언급했지만, 비용을 개인이 부담하는 경우 3천 세겔이 든다.

반면, 마음의 할례가 있다. 이는 하나님께서 모세를 통해 처음 말씀하신 것으로서(신 10:16) 몸에 받는 할례가 표징하는 하나님과의 언약이 계약을 넘어 사랑의 관계임을 천명한다(신 30:6). 따라서 마음에 받는 할례는 몸에 받는 할례보다 더 나은 할례다. 또 마음의 할례는 남자와 여자를 구분하지 않으며, 유대인과 이방인 사이도 나누지 않는다. 하나님은 출애굽하여 가나안 입성을 앞두고 있는 이스라엘 백성에게 이런 마음의 할례를 받으라 말씀하셨다. 그리고 훗날 유대인들에게 "할례는 마음에 할지니"라고 말씀하셨다(롬 2:29).

이런 마음의 할례에 대해서도 값을 말할 수 있다.

로마서 2장 29절에서 바울은 마음의 할례가 하나님의 영으로 말미암는다고 했다. 그리고 하나님의 영의 내재는 예

18-19세기 유대인 할례 의식 기구함[3]

수님의 구속 사역의 결과다. 따라서 마음의 할례에 값이 있다면 그것은 예수님이 흘리신 피 값이다.

Q 묵상을 위한 질문

1. 몸의 할례의 유익은 무엇일까?

2. 마음의 할례의 열매는 무엇일까?

14 연결어에 주목해야 하는 이유

-접속사 '레마안'

창 18장

날이 뜨거운 어느 날, 장막 문에 앉아 있던 아브라함은 맞은편에 "사람 셋"이 서 있는 것을 보고는 곧 "달려나가 영접하며 몸을 땅에 굽혀"(창 18:2) 그들을 장막으로 청해 융숭히 대접했다.

1년 뒤 사라에게 아들이 있으리라는 약속을 남기고 이제 그 일행이 길을 나서는데, 그들을 전송하러 나온 아브라함에게 여호와께서 문득 다음과 같은 말씀을 하신다.

"내가 하려는 것을 아브라함에게 숨기겠느냐"(창 18:17).

그다음 내용을 통해 알 수 있듯, 여호와께서 "하려는 것"은 다름 아닌 소돔과 고모라에 대한 심판이었다. 하나님은 그 두 성이 "행한 것이 과연" 여호와께 "들린 부르짖음과 같은지 그렇지 않은지" 알아보고자 하셨다(창 18:21). 이어지는 내용은 우리가 너무나 잘 아는 소돔과 고모라를 위해 비는 아브라함의 중보다. "그 성 중에 의인 오십 명이 있을지라도…"(창 18:24)로 시작한 그의 중보는 의인 오십 명에서 사십오 명으로, 다시 사십 명으로, 삼십 명, 이십 명으로 이어지다 결국 하나님으로부터 "내가 십 명으로 말미암아 멸하지 아니하리라"(32절)는 약속을 받아 낸다.

이 위대한 중보의 본문에서 우리가 살펴보고자 하는 것은 다름 아닌 접속사의 역할이다.

성경의 뜻을 잘 살피고자 할 때 큰 의미 없어 보이는 연결어들이 중요한 역할을 하곤 하는데 창세기 18장의 접속사 '레마안'(למען)이 그렇다.

전치사 레(ל)가 명사 마안(מען)에 접두사로 붙은 이 접속사는 창세기 18장에서 세 번 나온다. 그 각각의 용례를 살펴봄으로써 본문만이 아니라 아브라함의 약속과 관련해 본 장이 기여하는 세 가지 내용을 알아보고자 한다.

"하려고"

첫째, 우리는 '레마안'이 이끄는 목적절을 통해 하나님께서 아브라함에게 주신 약속에는 책임과 목적이 전제되어 있음을 알게 된다.

창세기 12장 2-3절을 통해 잘 알려진 바와 같이, 하나님은 아브라함으로 하여금 "큰 민족을 이루고…땅의 모든 족속이" 그로 "말미암아 복을 얻을 것이라" 약속하신 바 있다. 그 약속은 창세기 18장에 다시 언급되는데, 이는 여호와께서 왜 아브라함에게 당신의 뜻을 드러내고자 하셨는지에 대한 근거로 제시된다.

"내가 하려는 것을 아브라함에게 숨기겠느냐 아브라함은 강대한 나라가 되고 천하 만민은 그로 말미암아 복을 받게 될 것이 아니냐"(창 18:17b-18).

즉 아브라함은 하나님이 택하셔서 큰 민족, 복의 근원이 될 약속을 받은 자이기에 하나님의 뜻을 그에게 감추지 않으시겠다는 말씀이다. 그런데 중요한 것은 이 약속에는 뚜렷한 목적과 책임이 전제되어 있다는 것이다.

"내가 그로 그 자식과 권속에게 명하여 여호와의 도를 지켜 의
와 공도를 행하게 하려고(레마안) 그를 택하였나니"(창 18:19a).

자칫 잘못하면 우리는 아브라함이 하나의 '행운'처럼 하
나님께로부터 복의 약속을 받았다고 오해할 수 있다. 하지
만 창세기 18장 19절에서 저자는 접속사 '레마안'이 이끄는
목적절을 통해 두 가지를 분명히 하고 있다. 하나는 아브라
함에게 "그 자식과 권속에게 명"하는 책임이 있다는 사실이
고, 다른 하나는 아브라함이 자식과 권속으로 하여금 "여호
와의 도를 지켜 의와 공도를 행하게" 할 목적으로 택함 받았
다는 사실이다.

"이는…함이니라"

둘째, 이 약속의 성취는 앞서 언급한 책임과 목적에 따른
결과라고 말씀하신다.

"이는(레마안) 나 여호와가 아브라함에게 대하여 말한 일을 이
루려 함이니라"(창 18:19b).

이 문장은 '레마안'으로 시작하는 또 하나의 목적절인데 개역개정을 통해 원문의 뜻을 정확히 이해하기엔 다소 어려움이 있다. ESV는 다음과 같이 옮기고 있다.

"so that (레마안) the LORD may bring to Abraham what he has promised him."

우리는 여호와께서 창세기 12장 2-3절에서 아브라함에게 주신 약속, 즉 "내가 너로 큰 민족을 이루고 네게 복을 주어 네 이름을 창대하게 하리니 너는 복이 될지라 너를 축복하는 자에게는 내가 복을 내리고 너를 저주하는 자에게는 내가 저주하리니 땅의 모든 족속이 너로 말미암아 복을 얻을 것이라" 하신 약속이 무조건적으로 성취되는 것으로 오해할 수 있다. 하지만 창세기 18장 19절은 이 점에 대해 분명히 그 뜻을 밝히고 있다. 아브라함에게는 그 자식과 권속을 가르칠 책임이 있고, 그들로 하여금 "여호와의 도를 지켜 의와 공도를 행하게" 할 목적으로 아브라함이 택함을 받았으며, 그렇게 할 때 여호와께서 창세기 12장 2-3절의 약속을 이행하시겠다는 것이다.

이상 '레마안'이 이끄는 "하려고"와 "이는…함이니라"는 두 목적절의 내용을 정리하면 이렇다.

'아브라함은 하나님의 의를 실천하고 가르치는 자로 택함을 받았다.'

"위하여"

이렇게 아브라함이 자신의 부르심이 그 후손으로 하여금 여호와의 의와 공도를 지키게 하기 위함이라는 사실을 하나님께로부터 듣고 난 후, 하나님은 아브라함에게 소돔과 고모라에 대한 뜻을 나누셨고 아브라함은 중보하기 시작했다.

"그 성 중에 의인 오십 명이 있을지라도 주께서 그곳을 멸하시고 그 오십 의인을 위하여(레마안) 용서하지 아니하시리이까"(창 18:24).[1]

이 구절에서 우리는 세 번째로 '레마안'을 접하게 되는데, 앞의 19절과 다르게 여기서는 '레마안'이 접속사가 아닌 복합전치사로 사용되고 있다. 이럴 경우 '때문에'가 아닌 "위하여"의 뜻을 가지며 이 점을 개역개정이 잘 옮기고 있다.

아브라함은 오십 의인 '때문'(because of)이 아닌 그 오십 의인을 '위해'(for the sake of) 용서해 주시기를 간청하고 있다.

"주께서 이같이 하사 의인을 악인과 함께 죽이심은 부당하오며 의인과 악인을 같이하심도 부당하니이다 세상을 심판하시는 이가 정의를 행하실 것이 아니니이까"(창 18:25).

아브라함의 중보는 우리가 의인으로서 갖는 자격이 아닌, 오직 의인을 위하시는 하나님의 정의에 근거하고 있다. 그렇기에 의인이 오십 명이든 사십 오명이든, 다시 사십 명, 또 삼십 명, 이십 명, 심지어 십 명이어도, 하나님의 정의에 의거한 중보의 토대는 약해지지 않았다.

"내가 만일 소돔 성읍 가운데에서 의인 오십 명을 찾으면 그들을 위하여 온 지역을 용서하리라…내가 십 명으로 말미암아 멸하지 아니하리라"(창 18:26, 32).

그럼에도 불구하고 소돔과 고모라는 불의 심판을 면하지 못했다(창 19:24-25). 의인이 그리도 없었던가 보다.
장차 이스라엘이 들어설 가나안의 형편이 바로 이랬다.

하나님이 정의를 행하실 때 가나안에는 종말이 임할 것이다. 그때 이스라엘은 심판의 도구가 되어 가나안의 마지막을 목도할 것이다. 얼마나 두렵고 떨리는 일인가. 나도 의롭지 못하면서 심판의 도구가 되었으니 말이다.

하나님께서는 이스라엘이 그들의 부족함을 잘 알기를 원하셨다.

"네가 가서 그 땅을 차지함은 네 공의로 말미암음도 아니며 네 마음이 정직함으로 말미암음도 아니요 이 민족들이 악함으로 말미암아 네 하나님 여호와께서 그들을 네 앞에서 쫓아내심이라 여호와께서 이같이 하심은 네 조상 아브라함과 이삭과 야곱에게 하신 맹세를 이루려 하심이니라"(신 9:5).

의롭지 못한 이스라엘이 하나님의 도구로 사용될 수 있었던 것은 그들의 조상 아브라함과 이삭과 야곱에게 하신 약속을 이루고자 하시는 하나님의 전적인 의지 때문이었다.

결국 창세기 18장의 아브라함도 그 말씀을 받는 이스라엘도 하나님의 하나님 되심이 아니고는 아무것도 할 수 없음을 고백해야 했다.

1. 창세기 18장에서 배우는 중보의 토대는 무엇인가?

2. 우리에게 예수님은 어떤 중보자이신가? (참고. 딤전 2:5; 히 9:15)

15 아내를 누이라 속인
아브라함이 선지자라고?

-아내를 누이라 속이고

창 20장

하나님은 아브라함이 의로워서 부르신 게 아니다.

"네가 데려간 이 여인으로 말미암아 네가 죽으리니 그는 남
편이 있는 여자임이라"(창 20:3).

그랄 왕인 아비멜렉이 당시 아브라함에게서 사라를 데려
가자(창 20:2), 하나님이 그에게 현몽하여 이르신 말씀이다.
또다시 아브라함이 사라를 자기 누이라 속여서 초래한 사
건이다. 아브라함이 되어서도 아브람 때처럼 처세하는 믿
음의 조상이 한심하고, 거듭 이방 왕의 궁에 묶이는 사라가
참으로 안쓰러워지는 대목이다.

그래서 하나님이 개입하셨다. 애굽에서처럼(창 12:17) 이번

에도 하나님이 직접 나서셨다.

"네가 죽으리니 그는 남편이 있는 여자임이라"(창 20:3b).

고대 근동에는 남편이 있는 여자를 다른 남자가 데려갈 때 이에 대한 처벌을 규정하는 법적 전통이 있었다. 앗수르 (Assyria) 제국의 첫 수도였던 동명의 도시 앗수르(현재 Qal'at Sherqat)에서 발견된 중기 앗수르 법(MAL)에는 다음과 같은 법 조항이 있다.

"다른 남자(그녀의 아버지도, 형제도, 아들도 아님)가 한 남자의 아내로 하여금 자신과 함께 떠나도록 주선한 경우: 그는 그녀가 한 남자의 아내라는 사실을 알지 못했다는 취지로 맹세해야 하며 남편에게 납으로 7200세겔을 주어야 한다..."(MAL 토판 A, 22문단).[1]

중세앗수르법
(MAL) 토판 A[2]

만약 남편이 있는 여자인 줄 알면서 성관계까지 가진 것이 의심된다면 보상금(납 7200세겔)을 지불하게 한 후 그 남자를 강에서 시죄법으로 다스릴 것을 규정한다. 즉 강물에 집어 던져 살아나면 무죄로 인정한다는 규정이다. 과연 얼마나 되는 사람이 이런 신명 재판에서 살아 나왔는지 실로 궁금하다.

비록 중기 앗수르 법이 족장시대와 동일한 시대에 기록된 법이 아닐 수는 있으나, 창세기 12장의 바로와 20장의 그랄 왕 아비멜렉은 둘 다 중기 앗수르 법이 말하는 원칙, 즉 여자에게 남편이 있는 줄 모르고 그 여자를 데려갔음을 맹세하고 그 여자의 남편에게 금전적 보상을 한다는 원칙에 따라 행동하고 있음을 볼 수 있다.

바로의 경우, "네가 어찌하여 나에게 이렇게 행하였느냐 네가 어찌하여 그를 네 아내라고 내게 말하지 아니하였느냐"(창 12:18)는 힐문이 곧 남편이 있는 여자인 줄 몰랐다는 맹세에 해당한다. 또한 아브람에게 "양과 소와 노비와 암수 나귀와 낙타"(창 12:16)를 후대한 것이 곧 보상에 해당한다. 바로는 그런 다음 아브람과 그 일행을 보냈다(창 12:20).

아비멜렉 역시 아브라함에게 이와 유사한 힐문을 한다.

"네가 어찌하여 우리에게 이렇게 하느냐 내가 무슨 죄를 네게 범하였기에 네가 나와 내 나라가 큰 죄에 빠질 뻔하게 하였느냐 네가 합당하지 아니한 일을 내게 행하였도다…네가 무슨 뜻으로 이렇게 하였느냐"(창 20:9-10).

즉 사라가 아브라함의 아내인 줄 몰랐다는 취지의 맹세다. 그러고는 다음과 같이 보상한다.

"아비멜렉이 양과 소와 종들을 이끌어 아브라함에게 주고 그의 아내 사라도 그에게 돌려보내고 아브라함에게 이르되 내 땅이 네 앞에 있으니 네가 보기에 좋은 대로 거주하라 하고 사라에게 이르되 내가 은 천 개를 네 오라비에게 주어서 그것으로 너와 함께한 여러 사람 앞에서 네 수치를 가리게 하였노니 네 일이 다 해결되었느니라"(창 20:14-16).

아비멜렉의 경우, 사라를 돌려보내는 동시에 심지어 아브라함에게 그럴 땅에 거주할 것을 제안하기까지 했다. 이렇게 볼 때 아비멜렉의 행실은 당시 법을 적용했을 때 아무 하자가 없다. 뿐만 아니라 애굽을 떠나라 한 바로와 달리 그럴 땅에 살라는 호의까지 베풀고 있다. 따라서 아비멜렉의 행위는 그가 속한 전통의 틀에서 "의"롭다 간주하지 못할 이유가 전혀 없다. 이런 아비멜렉 앞에서 아브라함은 무색한 변명을 한다.

"이곳에서는 하나님을 두려워함이 없으니 내 아내로 말미암아 사람들이 나를 죽일까 생각하였음이요"(창 20:11).

자신이 사라에 대해 불의를 저지르고 있다는 생각은 못하고 애꿎은 아비멜렉을 탓하고 있는 것이다. 그래서 아비멜렉의 반문에 독자는 귀를 기울이지 않을 수 없다.

"…주여 주께서 의로운 백성도 멸하시나이까"(창 20:4).

이와 유사한 질문을 우리는 이전에 접한 바 있다.

"…주께서 의인을 악인과 함께 멸하려 하시나이까"(창 18:23).

바로 아브라함 자신이 소돔과 고모라를 두고 중보하며 하나님께 드린 질문이었다. 하나님의 의를 실천하고 가르치라고 택함을 받은 아브라함, "세상을 심판하시는 이가 정의를 행하실 것이 아니니이까"(창 18:25)라고 하나님과 변론하던 중보자 아브라함은 지금 어디 있는가? 도리어 아비멜렉을 악인으로 치부한 그의 처사와 변명에 우리는 적잖이 실망하게 된다.

그래서 우리는 아비멜렉의 자기변호에 고개를 끄덕이지

않을 수 없다.

> "그가 나에게 이는 내 누이라고 하지 아니하였나이까 그 여
> 인도 그는 내 오라비라 하였사오니 나는 온전한 마음과 깨끗
> 한 손으로 이렇게 하였나이다"(창 20:5).

하나님은 이런 아비멜렉의 주장이 옳다고 인정하신다.

> "네가 온전한 마음으로 이렇게 한 줄을 나도 알았으므로 너
> 를 막아 내게 범죄하지 아니하게 하였나니 여인에게 가까이
> 하지 못하게 함이 이 때문이니라"(창 20:6).

하나님도 아비멜렉이 범죄하지 않았고 그 마음이 온전하
였다고 인정하신 것이다.

반면, 아브라함에 대해서는 그의 처사를 아무리 관대히
봐 주려 해도 방법이 없다. 이미 "전능한 하나님"의 약속과
함께 아브라함이란 새 이름을 받은 그가 아닌가(창 17장). 그
럼에도 아브라함은 자신을 지킬 수단으로 "이복누이"(창
20:12)라는 만능패(wild card)를 여전히 붙들고 있다. 우리는 그
의 이런 모습에서 아브라함 이전의 아브람을 발견하게 된

다. 애굽을 떠났지만 여전히 애굽을 동경하는 광야의 이스라엘(민 11:5), 비록 그리스도의 백성이 되었으나 여전히 옛 사람을 벗지 못하는 고린도 교회를 본다. "여러 민족의 아버지가 될"(창 17:4) 믿음은 있으나 정작 자신의 안녕 때문에 사라의 남편으로서 나설 믿음은 없는 아브라함. 그런 아브라함을 대신해 하나님은 아비멜렉에게 말씀하신다.

"…그는 남편이 있는 여자임이라"(창 20:3).

그럼에도 '선지자' 아브라함

그리고 아브라함을 위해 개입하셨다.

"이제 그 사람의 아내를 돌려보내라 그는 선지자라 그가 너를 위하여 기도하리니 네가 살려니와 네가 돌려보내지 아니하면 너와 네게 속한 자가 다 반드시 죽을 줄 알지니라"(창 20:7).

한없이 초라해진 아브라함을 가리켜 하나님은 당신의 선

지자라 칭하신다. 그가 기도하면 들으시겠다 하신다. 그래야 아비멜렉을 살려 두리라 하신다. 성경에 선지자라는 말이 사용된 첫 사례다.

이 말씀을 따라 사라는 회복되었고 선지자 아브라함이 하나님께 기도함으로 하나님은 "아비멜렉과 그의 아내와 여종을 치료하사 출산하게 하셨"다(창 20:17).

이제 함께 생각해 보자. 사라는 혼인의 언약으로 아브라함과 한 몸을 이룬 아브라함의 "아내"였다. 그를 더 이상 "이복누이"라 해서는 안 된다.

그리고 사라의 남편 아브라함은 피의 언약으로 "전능한 하나님"의 부르심을 받은 "선지자"였다. 그런 그가 잘못도 행하지 않은 아비멜렉을 악인으로 간주했을 뿐만 아니라, 이미 뱃속에 이삭이 들어섰을 아내를 누이라 하여 치욕을 겪게 했다. 하나님이 강권적으로 개입하지 않으셨다면 사라도, 아비멜렉도 같이 죄명을 쓰고 말았을 것이다.

"네 이웃에 대하여 거짓 증거하지 말라"(출 20:16).

아브라함의 처신은 이 말씀으로부터 과연 얼마나 자유로울 수 있을까?

이 사건의 기록은 아브라함의 부르심이 결코 아브라함의 자격이 아닌, 전적인 하나님의 의에 근거한 것임을 가르쳐 준다.

Q 묵상을 위한 질문

1. 하나님은 왜 아브라함으로 하여금 아비멜렉을 위해 기도하게 하셨을까?

2. 나는 하나님을 모르는 이웃에게 아브라함이 아비멜렉을 대하듯 한 적은 없는가?

16 하나님의 마음을
헤아릴 수 있는가

-네 사랑하는 독자

창 22장

우리가 하나님의 마음을 알 수 있을까? 송명희 시인이 작시한 찬양 가사는 골고다 제단에 올려진 성자 하나님과, 그 독생자를 대속물로 주시고 또 받으셔야 하는 성부 하나님의 아픈 마음을 함께 담고 있다.

얼마나 아프실까 하나님의 마음은
인간들을 위하여 아들을 재물로 삼으실 때
얼마나 아프실까 주님의 몸과 마음
사람들을 위하여 십자가에 달려 제물되실 때
_'얼마나 아프실까'(송명희 시, 국현 작곡)

"가라"(창 12:1)는 하나님의 말씀을 따라 시작한 여정의 끝자락에서 아브라함은 바로 이 제단의 성역과 마주해야 했다. 장차 성부 하나님과 성자 하나님 사이에 놓일 그 성역에 아버지 아브라함이 아들 이삭을 데리고 올랐다.

히브리어 원문을 따라 창세기 22장 2절 말씀을 다듬어 보면 "네 아들, 네 사랑하는 독자, 이삭을 데리고 모리아 땅으로 가라(לך-לך, 레크-레카). 그리고 내가 네게 일러줄 한 산 거기서 그를 번제로 드리라"이다.

'데려가라' '가라' '번제로 드리라', 이 세 개의 명령형 동사가 축을 이루는 이 구절은 아브라함이 아브람이던 시절, 이민자의 삶을 시작하며 받았던 "가라"는 동사를 반복하고 있다.

"너는 너의 고향과 친척과 아버지의 집을 떠나 내가 네게 보여 줄 땅으로 가라(לך-לך, 레크-레카)"(창 12:1).

창세기 12장에서 "가라"는 말씀을 받은 아브람은 "그의 아내 사래와 조카 롯과 하란에서 모은 모든 소유와 얻은 사람들을 이끌고" 가나안 땅에 이르러 그가 거하는 곳마다 제단을 쌓았다(창 12:5-9).

그런 아브라함에게 하나님은 창세기 22장에 이르러 아주 구체적인 명을 주신다. 12장의 "내가 네게 보여 줄 땅으로 가라"는 22장에서 "모리아 땅으로 가라"로, 12장의 사래, 롯, 모든 소유, 모든 사람은 22장에서 "네 아들, 네 사랑하는 독자, 이삭"으로, 그리고 12장의 제단 쌓음은 22장에서 "내가 네게 일러줄 한 산 거기서 그를 번제로 드리라"로 명하셨다. 특히 22장에서는 "가라"뿐만 아니라 "데려가" "번제로 드리라"는 사항을 직접 지시하신다.

이렇게 볼 때, 창세기 12장에서 아브람이 받은 "가라"는 말씀은 궁극적으로 "사랑하는 독자 이삭을…번제로"(창 22:2) 드릴 땅으로의 부르심이었던 것이다. 하란을 떠나며 시작된 그 부르심에 대한 순종은 이제 모리아 제단에서 그 끝을 맞이하고 있다.

물론 아브라함 자신은 창세기 25장 8절에 이르러서야 "열조에게로 돌아"갈 것이다. 사라를 앞서 보내고(23장) 이삭을 분가시키며(24장) 그가 마무리지어야 할 일들이 아직 남아 있다. 하지만 아브라함이 믿음의 조상으로서 그의 모든 후손에게 남길 신앙의 유산은 22장에서 마무리된다고 볼 수 있다.

그런 창세기 22장은 모세를 통해 이 말씀을 듣고 있는 이스라엘 백성으로선 장차 자신들이 당면할 과제와 맞물리게 된다.

"너희가 요단을 건너 너희 하나님 여호와께서 너희에게 기업으로 주시는 땅에 거주하게 될 때 또는 여호와께서 너희에게 너희 주위의 모든 대적을 이기게 하시고 너희에게 안식을 주사 너희를 평안히 거주하게 하실 때에 너희는 너희의 하나님 여호와께서 자기 이름을 두시려고 택하실 그곳으로 내가 명령하는 것을 모두 가지고 갈지니 곧 너희의 번제와 너희의 희생과 너희의 십일조와 너희 손의 거제와 너희가 여호와께서 원하시는 모든 아름다운 서원물을 가져가고 너희와 너희의 자녀와 노비와 함께 너희의 하나님 여호와 앞에서 즐거워할 것이요 네 성 중에 있는 레위인과도 그리할지니 레위인은 너희 중에 분깃이나 기업이 없음이니라 너는 삼가서 네게 보이는 아무 곳에서나 번제를 드리지 말고 오직 너희의 한 지파 중에 여호와께서 택하실 그곳에서 번제를 드리고 또 내가 네게 명령하는 모든 것을 거기서 행할지니라"(신 12:10-14).

아브라함은 가나안에 거하는 동안 여러 곳에 단을 쌓았다. 그런 그에게 하나님은 창세기 22장에 이르러 한 곳을 특정하여 그 정하신 곳에서 번제를 드릴 것을 명하셨다. 이와 마찬가지로 하나님은 가나안을 향해 가는 이스라엘에게 모세를 통해 이르시기를 장차 여호와께서 한 곳을 택하실 때가 이르면 그때는 그 정하신 곳에서 번제를 드리라 명하신다.

그렇게 하나님의 명을 듣고 지킬 때 이스라엘과 그 후손에게 "영구히 복이 있으리라"고 약속하신다(신 12:28). 이 또한 창세기 22장에서 하나님이 아브라함에게 주신 약속과 맥을 같이한다.

> "네가 이같이 행하여 네 아들 네 독자도 아끼지 아니하였은즉 내가 네게 큰 복을 주고 네 씨가 크게 번성하여 하늘의 별과 같고 바닷가의 모래와 같게 하리니 네 씨가 그 대적의 성문을 차지하리라 또 네 씨로 말미암아 천하 만민이 복을 받으리니 이는 네가 나의 말을 준행하였음이니라"(창 22:16-18).

이렇듯 믿음의 조상 아브라함은 창세기 22장에 이르러 앞으로 이스라엘이 따르게 될 제사의 본을 남기게 된다. 이에 대해 역대기의 저자는 하나님이 아브라함에게 번제의 장소로 정해 주신 곳이 후에 여호와께서 다윗을 통해 이스라엘의 번제의 장소로 택하신 곳이자(신 12:14) 솔로몬이 성전을 지은 곳이라고 저술한다.

"솔로몬이 예루살렘 모리아산에 여호와의 전 건축하기를 시

작하니 그곳은 전에 여호와께서 그의 아버지 다윗에게 나타

나신 곳이요 여부스 사람 오르난의 타작 마당에 다윗이 정한

곳이라"(대하 3:1).

모리아산이 있는 예루살렘. 그렇다. 그 도성은 성전이 세

워진 곳이기도 하지만 예수님이 제물로 드려진 곳이기도

하다. 모리아에서 드려진 아브라함의 제사는 놀랍게도 예

루살렘 성전의 제사를 지나 하나님의 독생자 예수의 제사

로까지 이어진 것이다.

이 제단에서 우리는 세 부자의 역사를 접하게 된다. 아브

라함과 이삭, 다윗과 솔로몬 그리고 성부 하나님과 성자 예

수 그리스도 이중 아브라함과 이삭에 초점을 맞추는 창세

기 22장에서 우리는 사랑하는 아들을 제단 위에 올린 아버

지의 마음을 대하게 된다. 다행히 아브라함은 하나님이 준

비하신 제물로 이삭을 대신하므로 그 아픔을 겪지 않아도

되었으나, 독생자 예수를 그 대속물로 주신 성부 하나님께

서는 그 아픔을 고스란히 겪어야 했다.

시내산 아래 지어진 성막에서 제사가 시작된 후 창세기

22장을 읽는 이스라엘은 알아야 했다. 하나님은 아브람을

부르셔서 이스라엘을 위한 제단을 마련하게 하셨고, 그 제

단에 이삭을 대신할 제물을 여호와께서 준비하심으로 이스라엘이 존재하게 되었다는 것을.

마찬가지로 성도는 우리를 위해 자신을 대속물로 기꺼이 드리사 죽기까지 순종하신 성자 예수 그리스도로 말미암은 하나님의 백성이다. 그래서 우리는 알아야 한다. 우리를 위해 그 사랑하는 독생자 예수 그리스도를 제물로 삼으신 성부 하나님 아버지의 아픈 마음을.

Q 묵상을 위한 질문

1. "이는 내 사랑하는 아들이요 내 기뻐하는 자라"(마 3:17). 하나님이 예수님을 얼마나 사랑하시는지 그 마음을 헤아려 보라. 그리고 나는 그 마음을 얼마나 가늠하고 있는지 묵상하고 나눠 보라.

2. "이는 나를 사랑하신 사랑이 그들 안에 있고 나도 그들 안에 있게 하려 함이니이다"(요 17:26). 예수님이 우리를 얼마나 사랑하시는지 그 정도가 상상이 되는지 묵상해 보라.

3. "하나님이 세상을 이처럼 사랑하사 독생자를 주셨으니"(요 3:16). 하나님의 사랑을 세상도 알도록 우리가 해야 할 일은 무엇인가?

17 하나님은 땅의 약속을 어떻게 이루셨을까?

－사라를 위한 땅

창 23장

"사라가 산 것이 백 년과 이십 년과 칠 년이었으니 사라가 산
연수라"(창 23:1).

히브리어 원문을 직역해 본 것이다.

사라의 이름을 두 번 반복하고 그가 산 것을 두 번 반복하
며 햇수를 일컫는 말을 네 번 반복한 문장이다. 이 문장이
특별한 것은 사라가 여인임에도 불구하고 그 나이가 기억
되고, 그의 이름을 비롯한 주요 단어가 지속적으로 반복되
기 때문이다. 중세의 유대 주석가들은 이에 대해 사라가 이
스라엘 민족의 어머니로서 갖는 특별한 위치를 표현한 것
이라고 했다.[1] 아니나 다를까, 훗날 이사야는 그에 대해 이
스라엘에게 말하기를 "너희를 낳은 사라"(사 51:2)라고 했다.

그런데 아무리 그렇더라도, 사라의 죽음과 장례에 대해 창세기 23장 전체를 할애한 것은, 사라가 민족의 어머니라는 이유만으로는 설명이 되지 않는다. 비교하자면, 민족의 아버지인 아브라함의 죽음과 장례에는 저자가 고작 넉 절을 할애하기 때문이다(창 25:7-10).

사라의 죽음과 장례가 한 장 전체를 차지할 만큼 중요한 이유는, 사라의 죽음으로 인해 아브라함이 가나안에서 처음이자 유일하게 땅을 소유하게 되었기 때문이다. 아울러 그 땅은 이스라엘 민족의 첫 소유지이기도 했다. 여기서 분명히 할 것은, 아브라함이 "내가 이 땅을 네 자손에게 주리라"(창 12:7) 하신 하나님의 말씀을 이루려고 그 땅을 매입한 것은 아니라는 것이다. 그 땅은 단지 아브라함이 그의 아내 사라의 장례를 위해 마련한 것이었다. 그렇게 매입한 땅은 결과적으로 후대에 가나안을 차지하게 될 이스라엘의 첫 소유지가 되었다.

"나그네요 거류하는 자"였으나

이제 창세기 23장에서 우리는 두 가지 사항을 살피고자 한다.

첫째로, 그 땅은 사라의 죽음으로 마련한 땅이라는 점이다.

사라가 죽은 후 아브라함은 가나안 족속 가운데 하나인 헤브론의 헷 족속에게 자신을 "나그네요 거류하는 자"라고 소개하면서(창 23:4) 사라를 매장할 소유지를 사게 해달라고 청한다.

"나그네요 거류하는 자"(גר־ותושב, 게르-웨토샵)는 창세기 23장의 문맥에서 오늘날의 '거주 외국인' 정도로 이해할 수 있다. 이 표현은 구약에서 자주 사용되지는 않지만, 레위기 25장 23절을 바탕으로 볼 때, 구약시대 '거주 외국인'들은 토지를 사고팔 권리가 없었던 것으로 보인다.[2]

즉 아브라함은 당시 가나안 사람들 사이에서 토지를 살 권리가 없는 외국인으로 살았던 것이다. 그런 그가 사라를 장사할 매장지를 사겠다고 나선 것이다.

"소유지를 주어 내가 나의 죽은 자를 내 앞에서 내어다가 장 사하게 하시오"(창 23:4).

그런데 헷 족속의 반응이 사뭇 놀랍다.

"헷 족속이 아브라함에게 대답하여 이르되 내 주여 들으소서
당신은 우리 가운데 있는 하나님이 세우신 지도자이시니 우
리 묘실 중에서 좋은 것을 택하여 당신의 죽은 자를 장사하
소서"(창 23:6).

사라를 기꺼이 자기들의 묘실에 묻게 해주겠다는 것이다.
그 이유는 그들이 봤을 때 아브라함은 하나님이 그들 가운
데 세우신 지도자이기 때문이라는 것이다. 이는 아브라함
이 가나안 사람들에게 하나님의 백성으로서 본이 되는 삶
을 살았다는 사실을 말해 준다. 그가 가나안 땅으로 인도함
을 받을 때 "땅의 모든 족속이 너로 말미암아 복을 얻을 것
이라"(창 12:3) 하신 하나님의 말씀을 이미 성취하는 삶을 살
았음을 시사한다. 아브라함은 단지 후대에 전할 약속을 남
기기만 한 자가 아니었다. 그 약속을 실천하는 자였다. 그렇
지 않고 어떻게 가나안 사람들로부터 "하나님이 세우신 지
도자"란 칭송을 받을 수 있겠는가. 가나안 사람들에게 삶으
로 하나님을 전한 사람, 아마도 아브라함은 가나안 사람들
사이에서 선교사였던 것 같다.

이제 아브라함이 청한 내용으로 돌아가 보자.

"내게 매장할 소유지를 주어…장사하게 하시오"(창 23:4).

여기서 아브라함이 청한 것은 두 가지였다. 첫째 사라를 그 땅에 묻게 해달라는 것이고, 둘째 그 매장지를 소유하겠다는 것이다. 이에 대해 자신들의 묘실을 기꺼이 사용하라고 한 헷 족속의 호의는 비록 사라를 묻을 방안을 마련해 준 것이기는 하지만, 매장지를 소유할 필요 자체를 제거하는 것이었다. 아브라함은 이 호의를 거절했다.

"나로 나의 죽은 자를 내 앞에서 내어다가 장사하게 하는 일이 당신들의 뜻일진대 내 말을 듣고 나를 위하여 소할의 아들 에브론에게 구하여 그가 그의 밭머리에 있는 그의 막벨라 굴을 내게 주도록 하되 충분한 대가를 받고 그 굴을 내게 주어 당신들 중에서 매장할 소유지가 되게 하기를 원하노라"(창 23:8-9).

남의 땅이 아닌, 사라를 위한 땅에 사라를 장사하고 싶다는 것이 아브라함의 요청의 핵심이었던 것이다.

이것은 의미 있는 대목이다. 가나안으로 이주해 온 지 62년, 사라가 65세 때 가나안에 함께 와 127세에 숨을 거두기까지 아브라함과 사라는 소유한 땅 없이 늘 장막 생활을 해 왔다. 사라가 두 번 궁에서 살기는 했지만 그것은 사라에 게 옥고나 다름없었고 하마터면 약속의 씨를 잃고 말 큰 위기의 시간이었다. 그런 사라를 하나님이 돌보셔서 강권적인 개입으로 사라가 아브라함의 아내로서 그 자리를 지키도록 해주셨다. 그리고 끝내 약속의 씨를 낳아 아브라함의 품에 안겨 주었다(창 21:1-2). 그런 아내를 위해 아브라함은 이제라도 한 터를 마련하고자 하는 것이다.

아니나 다를까. 사라를 위한 아브라함의 애도는(창 23:2) 가나안 헷 족속의 마음을 움직였고 그들은 기꺼이 사라를 위해 그들의 묘실을 내주겠다고 한다(창 23:6). 그러나 아브라함은 이를 물리치고 "매장할 소유지가 되게" 해달라고 다시청한다(창 23:9).

그러자 헷 사람 에브론이 다른 제안을 한다.

"내 주여 그리 마시고 내 말을 들으소서 내가 그 밭을 당신에 게 드리고 그 속의 굴도 내가 당신에게 드리되 내가 내 동족 앞에서 당신에게 드리오니 당신의 죽은 자를 장사하소서" (창23:11).

값없이 소유지를 주겠다는 것이다. 이 역시 아브라함은 받아들일 수 없는 제안이었다.

"내가 그 밭 값을 당신에게 주리니 당신은 내게서 받으시오 내가 나의 죽은 자를 거기 장사하겠노라"(창 23:13).

사라를 위해 값없는 터를 마련할 수는 없다는 의지다.

결국 헷 사람 에브론은 은 사백 세겔을 값으로 정한다. 그러자 아브라함은 "에브론이 헷 족속이 듣는 데서 말한 대로 상인이 통용하는 은 사백 세겔을 달아 에브론에게" 줌으로 (창 23:16) 그들 가운데서 토지를 소유할 권리와 함께 매장지 매입을 성사시켰다. 그러고는 "그 아내 사라를" 그 땅 "마므레 앞 막벨라 밭 굴에 장사하였"다(창 23:19).

"나그네요 거류하는 자"인 아브라함이 아무리 가나안 사람들로부터 좋은 평판을 얻었다 해도 그에게는 토지를 소유할 권리가 없었다. 그런 그가 "밭과 거기에 속한 굴"을 소유지로 삼기에 이른 것은(창 23:20) 사라를 향한 그의 애도 때문이었다. 그 애도가 헷 족속의 마음을 움직여 "나그네요 거류하는 자"인 아브라함에게 그들의 땅을 팔아 소유주가 되게 허락한 것이다.

그렇게 사라는 살아서는 아브라함에게 약속의 씨를 낳아 이스라엘 민족이 있게 했고, 죽어서는 아브라함으로 하여금 매장지를 마련해 그 후손에게 약속의 땅의 첫 소유지를 남기게 했다.

"이와 같이 그 밭과 거기에 속한 굴이 헷 족속으로부터 아브라함이 매장할 소유지로 확정되었더라"(창 23:20).

"나그네요 거류하는 자"이므로

둘째로 이 땅에서 우리는 나그네라는 점이다.

이민자 아브라함과 달리, 모세로부터 창세기 23장 말씀을 받는 이스라엘은 가나안을 전쟁으로 이기고 차지해 그 땅의 새 주인으로 살게 될 민족이었다. "나그네요 거류하는 자"였던 아브라함과 달리 이스라엘은 애굽의 애굽인처럼, 가나안의 가나안인처럼, 그 땅을 소유지로 삼는 새 주인이될 것이다. 그런데 하나님은 이스라엘에게 전혀 예상 밖의 말씀을 하셨다.

"토지를 영구히 팔지 말 것은 토지는 다 내 것임이니라 너희는 거류민이요 동거하는 자로서 나와 함께 있느니라"(레 25:23).

땅의 주인이신 하나님과 함께 이스라엘은 "거류민이요 동거하는 자"(גרים ותשבים, 게림 웨토샤빔)로서 그 땅에서 지내라는 말씀이다. 아브라함에게 적용되었던 "나그네요 거류하는 자"(게르-웨토샵)의 복수형인 이 표현이 암시하듯, 이스라엘은 땅을 영구히 사고팔 권리를 행사하지 말라 하셨다.

도대체 무슨 영문일까? 과연 이스라엘이 "거류민이요 동거하는 자"로 약속의 땅에서 살 것이라면 아브람에게 이르신 "보이는 땅을 내가 너와 네 자손에게 주리니 영원히 이르리라"(창 13:15)는 약속은 도대체 어떻게 이해해야 하는 걸까?

먼 훗날 히브리서 저자는 이와 관련해 아브라함이 바란 것은 "하나님이 계획하시고 지으실 터가 있는 성"이며(히 11:10) "하늘에 있는" "더 나은 본향"이었다고 말씀한다(히 11:16). 그와 같이 하나님의 "약속을 유업으로 함께 받은 이삭 및 야곱"(히 11:9)의 계보는 오늘의 성도들에게로 이어져 "하나님의 도성인 하늘의 예루살렘"에 이르게 한다(히 12:22). 다시 말해 하나님의 약속이 가나안에 그치지 않고 그보다 더 좋은 땅, 곧 "새 하늘과 새 땅"의 상속자로 사는 데까지 이른다는 것이다(계 21:1, 7). 우리는 아브라함이 믿음으로 그 "하늘에 있는" "더 나은 본향"을 바랐다는 히브리서 저자의 말씀을 믿는다. 그러지 않고는 그가 이삭을 제단에 올릴 수 없기 때문이다(히 11:17-19).

가나안은 하나님의 백성이 영구히 상속받을 땅이 아니었다. 다만 더 나은 땅, "새 하늘과 새 땅"을 가리키는 이정표일 뿐이다. 하지만 창세기 23장 말씀을 받는 이스라엘은 이런 큰 그림을 이제 막 알기 시작했을 뿐이다. 그 큰 그림 속에서 하나님은 새 땅의 상속자이지만 이 땅에서 "나그네요 거류하는 자"로 열심히 산 사라를 위해 아브라함으로 하여금 막벨라를 마련케 하셨다.

Q 묵상을 위한 질문

1. 아브라함은 막벨라 밭과 거기에 속한 굴을 자신의 소유지로 매입하는 과정에서 하나님의 사람으로서, 또 사라의 남편으로서 최선을 다하는 모습을 보였다. 헷 족속의 확실한 동의를 구했고, 거저 얻으려 하지 않았으며, 싸게 매입하고자 하지도 않았다. 오히려 높은 값을 치러 새 소유주로서 그 입지를 분명히 하고자 했다. "나그네요 거류하는 자"로 지내는 이 땅에서, 더군다나 하나님을 모르는 헷 족속과의 거래를 두고 이토록 최선의 노력을 기울이는 이유는 무엇일까?

2. 아브라함 그리고 후에는 이스라엘이 가나안에서 새 하늘과 새 땅을 예비했듯이, 오늘 우리도 우리에게 주어진 곳에서 새 하늘과 새 땅을 준비한다. 그 예비하는 삶을 살 때 내가 최선을 다해야 하는 것들은 무엇인가?

18 이스마엘은 누구인가?

−이스마엘의 족보

창 25장

구약의 족보는 종종 읽는 이로 하여금 디모데후서 3장 16절 말씀과 어떻게 연결지어야 할지 궁금하게 만든다.

"모든 성경은…유익하니."

창세기 25장에 등장하는 이스마엘의 족보가 특히 그렇다.

"이스마엘의 장자는 느바욧이요 그다음은 게달과 앗브엘과 밉삼과 미스마와 두마와 맛사와 하닷과 데마와 여둘과 나비스와 게드마니"(창 25:13-15).

아무런 설명 없이 그저 열두 아들의 이름만 열거하고 있다. 오늘의 독자들에게는 이런 족보가 생소한 이름의 나열로 여겨지겠지만, 가나안에 입성해 나라를 이루어 살아갈 이스라엘에게는 자신들의 역사는 물론, 이스라엘 주변 지역에 흩어져 살아가는 여러 종족들에 대한 지식을 알 필요가 있다.

또한 이 같은 족보는 비단 고대 이스라엘 백성들에게만 의미 있는 것은 아니다. 오늘의 독자에게도 그 내용을 잘 살펴보면 족보가 주는 "유익"이 있을 것이다. 그중 세 가지를 살펴보자.

족보가 주는 유익 1 : 약속의 성취

이스마엘의 족보가 주는 가장 큰 유익은 하나님이 그 약속을 이행하시는 분임을 확인할 수 있다는 것이다.

이스마엘의 어머니 하갈은 사래의 몸종으로서 아브람의 아기를 잉태한 채 사래의 학대에 못 이겨 도망을 나왔다. 여호와의 사자가 그런 하갈을 "술 길 샘 곁"에서 만났다.

"네 여주인에게로 돌아가서 그 수하에 복종하라…내가 네 씨를 크게 번성하여 그 수가 많아 셀 수 없게 하리라"(창 16:10).

하갈은 이 말씀을 따라 여주인에게 돌아가 아기를 낳았
으니 그가 바로 이스마엘이었다. 세월이 흘러 이스마엘에
게서 열두 족속이 나오는데, 창세기 25장 12-18절에 이스
마엘의 족보가 기록되어 있다. 저자는 이 일곱 절밖에 되지
않는 짤막한 기록을 창세기 전체를 구성하는 열 개의 '톨레
돗'(תולדות, 역사, 족보, 대략 등) 가운데 하나로 삼았다. 그만큼 짧
지만 비중을 두고 있는 것이다.

한 조상에서 비롯된 열두 족속. 과연 하나님은 이스마엘
과 관련한 약속을 신실하게 이행하셨다. 족보를 통해 우리
는 하나님은 약속의 씨인 이삭의 하나님이실 뿐 아니라 이
스마엘을 비롯한 온 인류를 창조하시고 그들의 복의 근원
이 되시는 분임을 깨닫게 된다.

족보가 주는 유익 2: 하나님의 역사를 앎

족보의 또 다른 유익은 이를 통해 우리가 실제 역사를 배
운다는 것이다. 비록 간추린 이름에 불과하지만 그 족보는

하나님이 행하신 실제 역사의 한 면을 담고 있다. 이스마엘의 열두 족속의 경우 최소한 여섯 족속에 대한 역사 자료가 후대에 존재한다.

- **느바욧**: 주전 7세기 앗수르의 아수르바니팔 때에 '나바야티'[1] 기념 명각(graffiti)에 '나바앗'이란 이름으로 등장하며 에돔 동편에 정착했던 것으로 해석된다. 이사야는 이들을 양 치는 족속으로 묘사했다(사 60:7).
- **두마**: 후대 앗수르 문헌에 '아두마투'로 표기되는 지명으로 보인다. 앗수르 왕 산헤립의 기록에서 이들이 차지한 지역을 "아랍인의 요새", 그 왕을 "아랍인의 왕"이라 할 만큼 이들이 차지한 지역은 북아라비아의 요지였고, 주 무역로가 그리로 지나갔다.[2]
- **게달**: 북아라비아에서 가장 막강한 군사력을 가진 족속이었다. 이사야는 "게달 자손 중 활 가진 용사"라고 언급했고(사 21:17), 예레미야서에서는 "동방 자손들"(렘 49:28)로 일컬어진다(이들 중 동방박사가 나왔을 수 있다). 에스겔서에서 "아라비아와 게달의 모든 고관"(겔 27:21)이라 한 표현은 게달이 당시 아랍 연맹을 이끄는 위치에 있었던 것으로 해석할 수 있다. 문헌에 따르면, 앗수르와 게달 간에 지속적인 충돌이 있

었는데, 이는 앗수르가 게달을 계속 견제했기 때문일 것이다.[3]

• **앗브엘**: 후대 앗수르 문헌에 '이디바일루'로 등장한다.[4] 앗수르의 디글랏 빌레셀 3세(주전 744-727)에 의해 정복되어 앗수르와 애굽 사이의 경계를 이루었다. "서쪽"이라 불린 것으로 미루어 볼 때 시내(Sinai)반도 서쪽에 자리 잡았던 것으로 보인다.

• **맛사**: 앗수르 문헌에 "맛사인들이 디글랏 빌레셀 3세에게 조공을 바쳤다"는 기록이 있고, 느바욧과 함께 앗수르를 맞서 싸운 내용도 남아 있다.[5] 잠언 30장에서 아굴의 "잠언"(1절), 31장에서 르무엘왕의 어머니가 그를 훈계한 "잠언"(1절)은 사실 '맛사'(משׂא)다. 여기서 '맛사'를 "잠언"이라 번역하지 않고 고유명사로 읽는다면 아굴과 르무엘은 둘 다 맛사 족속의 왕이 된다.

• **데마**: 고대의 오아시스였던 데마가 그 영토였던 것으로 보인다. 중심 무역로에 자리한 요지로 욥기 6장 19절에서 언급된다. 맛사와 마찬가지로 디글랏 빌레셀 3세에게 조공을 바쳤는데,[6] 이사야는 데마가 오히려 그 침공으로 말미암아 발생한 난민을 위해 물과 떡을 나눠 줘야 한다고 했다(사 21:14). 후에(주전 552년) 나보니두스(Nabonidus)는 데마를 바

벨론의 수도로 정하고 그의 통치 기간 12년 가운데 10년을
데마에서 보냈다.[7]

그 외 여섯 족속에 대해서는 알려진 바가 많지 않다. '여
둘'은 신약시대에 '이두래'(눅 3:1)로 불려진 것으로 보이며,
'밉삼'과 '미스마'는 이스라엘의 시므온 지파로 흡수된 것으
로 보인다(대상 4:24-27).

이상의 자료들은 이스마엘 족속의 역사가 이스라엘의 역
사만큼이나 후대까지 지속되었음을 알려 준다. 이런 방대
한 내용을 족보로 기록한 것은 성경이 너무 방대해지지 않
도록 독자를 고려한 성령의 배려라 할 것이다.

족보가 주는 유익3: 시각의 교정

앞에서 살폈듯이, 이스마엘은 대체로 이스라엘과 역사적
으로 우호적인 관계를 유지했다. 심지어 그들에게서 잠언
이 나오고, 그들의 일부가 시므온 지파로 영입되며, 그들에
게서 동방박사가 나왔을 가능성도 배제할 수 없다. 그런 그
들이 차지한 땅을 포괄적으로 서술하면, "하윌라에서부터

앗수르로 통하는 애굽 앞 술까지 이르러 그 모든 형제의 맞은편에 거주하였더라"(창 25:18)고 말할 수 있다.

이때 "형제의 맞은편에 거주하였더라"로 번역한 표현이 창세기 16장 12절에도 동일하게 나오는데, 개역개정은 "그가 모든 형제와 대항해서 살리라"고 번역했다. 어떻게 같은 표현을 한 곳에서는 "맞은편에"(עַל־פְּנֵי, 알-프네이)로, 다른 곳에서는 "대항해서"(עַל־פְּנֵי, 알-프네이)로 옮긴 것일까? 아마도 "그의 손이 모든 사람을 치겠고 모든 사람의 손이 그를 칠지며"(창 16:2)라는 그 앞 문장의 어조에 맞춰서 번역했기 때문일 것이다.

"맞은편에"보다는 "대항해서"가 어울릴듯한 이스마엘. 그러나 '이스마엘'은 복된 이름이다. '이스라엘'이 있기 전에 하나님이 '이스마엘'이란 이름을 주셨다. 하나님이 친히 지어 주신 이름이다. 이 이름에서 '엘'(אֵל)은 '하나님'을 가리킨다. 성경에는 이같이 끝에 '엘'을 넣은 패턴을 가진 이름이 많이 등장하는데 그 첫 모델이 이스마엘이다.

그 이름은 '하나님이 들으신다'는 뜻을 갖는다. 얼마나 귀한가! 아브라함과 사라라는 새 이름이 주어지기도 전에 하나님은 이스마엘의 이름을 지어 주셨다. 더군다나 엄마 뱃속에서 출생하기도 전에.

"네가 임신하였은즉 아들을 낳으리니 그 이름을 이스마
엘이라 하라 이는 여호와께서 네 고통을 들으셨음이니라"
(창 16:11).

이스마엘. 그는 하나님이 귀 기울이신 하갈이 낳은 아들
이었고(창 16:13), 하나님이 약속을 이행하심으로 아라비아에
정착해 큰 민족을 이룬 아브라함의 아들이었다. 그런 이스
마엘을 회교도들의 조상으로 삼은 것은 후대의 일이다.

하지만 우리는 이스마엘을 이스마엘로 알아야 한다. 성경
에서 족보는 이 같은 시각의 교정을 일으키는 유익을 준다.

Q 묵상을 위한 질문

1. 만약 창세기에 족보가 아예 없었다면 성경을 읽고 이해할 때 어떻게 달라졌을지 나눠 보라.

2. 세상 모든 민족과 이웃이 하나님이 베푸시는 은총 속에서 살아간다. 이웃의 삶 가운데 하나님의 손길이 보이는 부분은 무엇인가?

19 이삭은 조연으로
캐스팅되었는가?

-이삭의 하나님

창 26장

"나는 네 조상의 하나님이니 아브라함의 하나님, 이삭의 하나님, 야곱의 하나님이니라"(출 3:6).

하나님께서 모세에게 스스로를 나타내시며 하신 말씀이다. 이 말씀에서 언급된 이스라엘의 세 족장 중 이삭은 가장 주목받지 못하는 인물이다. 그의 이야기보다는 오히려 창세기 22장에서 그의 아버지 아브라함이 그를 모리아산 제단에 올려놓은 사건과 창세기 27장에서 자신의 쌍둥이 아들들의 이야기가 더 잘 알려져 있다. 그래서 어느 주석가는 이삭을 성경에서 '조연'으로 캐스팅된 인물이라고 평가했다.

그런 조연과 같은 인물인 이삭에게 전적으로 할애된 한 장의 성경이 있다. 바로 창세기 26장이다. 이 장에서만큼은 이삭이 더 이상 조연이 아닌 주연으로 스포트라이트를 받는다. 과연 이삭은 어떤 조명을 받고 있는지 그 내용을 살펴보자.

"네 아버지 아브라함의 하나님이니 두려워 말라"

개렛(D. Garrett)이 살핀 바와 같이 창세기 26장에 묘사된 이삭의 삶에서 일어난 다섯 가지 사건은 아브라함이 겪은 다섯 사건과 내용적으로, 순서적으로 유사하다.[1]

1. 부르심과 약속(창 26:2-6, 12:1-3)
2. 아내-누이 사건(창 26:7-11, 12:10-20)
3. 다툼과 양보(창 26:14-22, 13:1-12)
4. 확신과 제사(창 26:23-25, 15:1-21)
5. 브엘세바에서 맺은 아비멜렉과의 계약(창 26:26-33, 21:22-24).

특히, 아브라함이 부르심을 받았을 때 가나안 땅에 "기근"이 들었듯이(창 12:10), 이삭의 삶에도 "흉년"이 그 시작이 되었다.

"아브라함 때에 첫 흉년이 들었더니 그 땅에 또 흉년이 들매…"(창 26:1).

창세기 26장에서 이삭은 아브라함 때와 유사한 사건들을 맞고 있다. 하지만 아브라함의 삶에 역사하신 하나님을 앞의 장들에서 만난 창세기의 독자들은 하나님께서 이삭의 삶에도 동일하게 역사하시리라는 믿음의 지식을 이미 갖고 이 장을 읽는다. 아니나 다를까, 하나님은 바로 그 면을 일깨워 이삭에게 확신을 주신다.

"나는 네 아버지 아브라함의 하나님이니 두려워하지 말라"
(창 26:24).

아브라함이 안 하나님을 이제 이삭이 알아 가고 있음을 우리는 발견한다. 그리고 그때나 지금이나 하나님의 역사는 동일하다는 창세기 26장의 증언은 이를 읽는 모든 이에게 동일한 믿음의 근거를 제공하고 있다.

"여호와께 복을 받은 자"

그러나 이삭의 삶은 단순히 아브라함의 신앙 여정을 답습하지만은 않는다. 이삭과 '계약' 즉 불가침조약을 맺고자 브엘세바로 찾아온 아비멜렉은 이삭에 대해 이렇게 말한다.

"여호와께서 너와 함께 계심을 우리가 분명히 보았으므로"
(창 26:28a).

이는 전에 아비멜렉이 아브라함을 찾아와 한 말과 다를 바 없는 내용이다.

"네가 무슨 일을 하든지 하나님이 너와 함께 계시도다"(창 21:22b).

그런데 아비멜렉은 이삭에게 다음과 같은 말을 덧붙인다.

"…이제 너는 여호와께 복을 받은 자니라"(창 26:29).

여기서 "여호와께 복을 받은 자"는 원문상에서 연계관계로 표현된 것인데 이를 조금 더 원문에 가깝게 번역하자면 이렇다.

"너는 이제 여호와의 복받은 자니라."

다시 말해, '복받은 자'와 '여호와께 속한 자'라는 뜻이 함께 내포된 표현이다.

이를 통해 우리가 유추해 볼 수 있는 것은, 아비멜렉의 눈에 비친 이삭은 그 부친 아브라함처럼 하나님이 함께하시는 자이며, 더 나아가 하나님의 약속이 그 삶 가운데 성취된 여호와의 사람이라는 사실이다.

물론 하나님께서 아브라함에게 주신 "복"의 약속이 아브라함 당대에 이루어지기 시작했다(창 24:1). 하지만 그 복의 구체적 면모는 이삭의 때에 이르러서야 드러난다.

"이삭이 그 땅에서 농사하여 그 해에 백 배나 얻었고…그 사람이 창대하고 왕성하여 마침내 거부가 되어 양과 소가 떼를 이루고 종이 심히 많으므로"(창 26:12-14).

비록 아브라함이 하나님의 복을 받아 누리긴 했지만 그가 농사를 지어 백 배나 얻었다는 기록은 없다. 유목민들이 목축을 기반으로 사는 것과 달리, 농사는 땅에 기반을 두고 정착해 살아야 가능한 경제활동인데, 이삭은 목축뿐 아니라 농사에 이르기까지 하나님의 축복을 받았던 것이다. 더구나 "흉년"이 든 땅에서 말이다(창 26:1). 이삭, 그는 기근이 든 가나안에 하나님의 축복이 임할 때 백 배의 결실을 거둘 수 있음을 체험하고 증명한 족장이었다.

이렇게 이삭의 삶은 어느 누구도 부인할 수 없는 하나님의 축복의 증거가 드러난 삶이었다. 이는 그가 흉년에도 불구하고 하나님의 말씀에 순종하여 애굽으로 가는 대신 지시받은 땅에 계속 거주했기에 성취된 약속의 복이었다.

"…애굽으로 내려가지 말고 내가 네게 지시하는 땅에 거주하라"(창 26:2).

이삭은 세 족장 가운데 유일하게 하나님이 지시하신 땅을 떠나지 않고 평생을 그 땅에서 살며 하나님의 복의 성취를 받아 누린 족장이었다.

오직 리브가만 사랑한 남자

그렇게 큰 복을 받아 누린 이삭에게 닥친 가장 큰 위험은 아마도 리브가와 관련된 사건이었을 것이다.

"그곳 사람들이 그의 아내에 대하여 물으매 그가 말하기를 그는 내 누이라 하였으니…"(창 26:7).

이 역시 그 부친 아브라함이 겪은 사건과 유사한 사건이다. 하지만 이삭의 경우, 아브라함 때와 달리 하나님의 직접적인 개입 없이 아비멜렉이 나서서 사태를 수습했다.

그런데 우리는 이 사건보다 리브가가 이삭의 유일한 아내였다는 사실에 더 주목하게 된다. 아브라함에게는 사라 외에 첩 하갈(창 16:3)과 후처 그두라(창 25:1)가 있었고, 야곱에게는 레아(창 29:23), 라헬(창 29:30), 빌하(창 30:4), 실바(창 30:9) 네 아내가 있었다. 이에 반해 이삭은 오직 리브가만의 남편으로서, 이스라엘의 세 족장 중 유일하게 일부일처의 삶을 산 사람이었다.

이삭의 하나님

마지막으로 창세기 26장은 "너"와 "네 자손"이란 표현을 반복해 사용하고 있다.

"내가 너와 함께 있어 네게 복을 주고 내가 이 모든 땅을 너와 네 자손에게 주리라"(창 26:3).

"네 자손을 하늘의 별과 같이 번성하게 하며 이 모든 땅을 네 자손에게 주리니 네 자손으로 말미암아 천하 만민이 복을 받으리라"(창 26:4).

우리는 이스라엘 백성에 대해 아브라함의 후손이라는 표현을 자주 쓴다. 이때 '이스라엘'은 야곱에게 주어진 새 이름이므로 이스라엘 백성이라 함은 아울러 야곱의 후손이라는 의미를 갖는다. 그래서 이사야는 다음과 같은 표현을 썼다.

"나의 종 너 이스라엘아 내가 택한 야곱아 나의 벗 아브라함의 자손아"(사 41:8).

이 때문에 우리는 자칫 이스라엘이 이삭의 후손이기도 하다는 사실을 놓치기 쉽다. 그런 면에서 창세기 26장은 이삭을 이스라엘의 족장으로 바르게 인식하는 데 더없이 중요한 장이다. 아브라함이 족장으로서 약속받은 땅에 지명을 붙였듯이(창 22:14) 이삭 역시 족장으로서 "에섹" "싯나" "르호

봇"(창 26:20-22) 등 새 지명을 만들고, 그 아버지가 "브엘세바"라 부른 우물(창 21:31)이 위치한 성읍 전체에 "브엘세바"라는 이름을 붙여 주었다(창 26:33).

하나님은 모세를 불러 그를 애굽의 이스라엘 백성에게로 보내실 때, 모세에게 능력 주시는 이유를 이렇게 설명하셨다.

> "이는 그들에게 그들의 조상의 하나님 곧 아브라함의 하나님, 이삭의 하나님, 야곱의 하나님 여호와가 네게 나타난 줄을 믿게 하려 함이라"(출 4:5).

이삭, 그는 여호와께서 그의 하나님으로 불리기를 원하신 이스라엘의 족장이었다.

Q 묵상을 위한 질문

1. 하나님은 왜 "이삭의 하나님"으로 불리기를 원하셨을까?

2. '나의 하나님'은 어떤 분이신가?

20 도대체 야곱이 꿈에서 보고 놀란 것은 무엇인가?

-야곱의 꿈

창 28장

"두렵도다 이곳이여 이것은 다름 아닌 하나님의 집이요 이는
하늘의 문이로다"(창 28:17b).

잠에서 깬 야곱이 내뱉은 말이다. 아버지 이삭과 형 에서
를 속여 축복을 가로챈 후 "피신"(창 27:43) 길에 오른 그가 "브
엘세바에서 떠나 하란으로 향하여"(창 28:10) 가다가 맞은 어
느 아침의 상황이다.

전날 밤 그는 "그곳의 한 돌을 가져다가 베개로 삼고 거기
누워" 잠이 들었다(창 28:11). 그에게 '두려움'은 그를 죽이고
자 하는 형 에서의 복수심이었을 것이다.[1]

"내가 내 아우 야곱을 죽이리라"(창 27:41b).

그래서 도망 길에 올랐고, 이제 에서의 위협에서 벗어났다는 안도감에 잠을 청할 수 있었을 것이다. 그런데 전혀 예상하지 못한 다른 두려움이 그를 사로잡아 잠에서 깨웠다. 그곳에 여호와께서 계시다는 사실을 몰랐던 것이다.

"야곱이 잠이 깨어 이르되 여호와께서 과연 여기 계시거늘 내가 알지 못하였도다"(창 28:16).

도대체 야곱은 꿈에서 무엇을 보았길래 이렇게 말한 것일까? 그가 본 것은 세 가지였다. 사닥다리, 하나님의 사자들, 그리고 여호와.

"꿈에 본즉 사닥다리가 땅 위에 서 있는데 그 꼭대기가 하늘에 닿았고 또 본즉 하나님의 사자들이 그 위에서 오르락 내리락하고 또 본즉 여호와께서 그 위에 서서 이르시되"
(창 28:12-13a).

우선 본문에 세 번 반복되는 "본즉"을 살펴보자. 저자는 야곱이 꿈에서 본 세 가지를 이끄는 표현으로 "본즉"을 사용했다. 그런데 자칫 동사처럼 들리는 이 말은 히브리어의

불변화사(particle) '힌네'(הנה)를 옮긴 것으로, 놀라거나 예기치 않은 일이 일어났을 때 사용하는 감탄사다. 이를 '와!'로 바꿔 볼 수 있다. '와! 사닥다리가…' '와! 하나님의 사자들이…' '와! 여호와께서…'. 이렇게 야곱은 전혀 예상하지 못했던 세 가지를 꿈에서 접하며 놀랐던 것이다.

와! 사닥다리가…

이제 사닥다리를 보자. '사닥다리'로 번역된 '쑬람'(סלם) 은 성경에서 여기에 딱 한 번 등장한다. 그래서 이 말이 정확히 무엇을 가리키는지를 알기는 어렵다. 그래서 '사닥다리'(ladder) 외에 '계단'(stairway) '층계'(flight of steps) 등으로 번역하기도 한다.

그런데 야곱이 꿈에 본 사닥다리는 두 가지 면에서 독특한 점을 가지고 있다.

첫째로, 이 사닥다리의 '머리'(ראשׁ, 로쉬)는 하늘에 닿아 있었다.

"…그 꼭대기(로쉬)가 하늘에 닿았고…"(창 28:12).

바벨탑을 쌓을 때 "그 꼭대기(로쉬)를 하늘에 닿게" 하고자 했으나(창 11:4) 실패한 경우와 달리 이 사닥다리는 그 꼭대기가 하늘에 이미 닿아 있었다.

둘째로, 이 사닥다리는 "땅 위에" 선 것이 아니라 '땅으로' 즉, '땅의 방향으로'(ארצה, 아르짜) 선 것이었다. 설명하자면 위에서 아래로 내린 사닥다리였다는 뜻이다. 다시 한번 비교하자면, 사람들이 땅에서 하늘을 향해 쌓았던 바벨탑과 달리 야곱이 꿈에서 본 사닥다리는 하늘에서 아래로 내린, 하나님이 주신 사닥다리였던 것이다.

이 점은 야곱에게 시사하는 바가 많았을 것이다. 팥죽으로 거래한 것, 양털을 뒤집어쓴 것, 아버지를 눈속임한 것 등등, 야곱은 그동안 온갖 수단과 방법을 동원해 자신을 하늘의 복에 닿게 해줄 사닥다리를 지으며 살았다. 그런 그가 하늘에서 내리는 사닥다리가 있으리란 걸 상상이나 했겠는가?

와! 하나님의 사자들이…

그가 꿈에서 보고 놀란 또 한 가지는 하나님의 사자들이었다. 천사들이 "그 위에서 오르락내리락하고" 있었던 것이다(창 28:12). 이때 "그 위"는 어디를 가리킬까? 오래전 랍비들은 문법상 두 가지를 의미할 수 있다고 관찰한 바 있다.

"랍비 히야(היא)와 랍비 얀나이(ינאי), 한 사람은 '사닥다리 위에서 오르락내리락한다'고 했고, 다른 한 사람은 '야곱 위에서 오르락내리락한다'고 했다"(Gen. Rab. 68, 12).

주후 2-3세기에 활동했던 이 두 랍비는 하나님의 사자가 사닥다리 위에서 오르내렸다는 해석과 야곱 위에서 오르내렸다는 서로 다른 해석을 내놓았다. "하나님의 사자들이 그 위에서 오르락내리락하고"에서 "그"(בו, 보)의 선행사가 "사닥다리"가 될 수도 있고 "야곱"이 될 수도 있기 때문이다. 과연 어느 해석이 옳을까?

와! 여호와께서…

사닥다리냐 야곱이냐의 문제는 꿈에 나타난 여호와께서 어디에 서 계셨는가 하는 질문으로 이어진다. 만약 하나님의 사자들이 사닥다리 위에서 오르내린 것이라면, 여호와께서 '사닥다리 위에 서'(그 위에 서서 נצב עליו, 니짭 알라우) 계셨다는 뜻이 된다. 그럴 때 본문의 포커스는 여호와께서 계신 위치가 된다. 반면, 하나님의 사자들이 야곱 위에서 오르내린 것이라면 여호와는 '야곱 곁에 서신' 것이다. 그리고 포커스는 여호와께서 야곱을 굽어 살피심이 된다.

그 하나님은 꿈에서 야곱에게 이렇게 약속하셨다.

"…나는 여호와니 너의 조부 아브라함의 하나님이요 이삭의 하나님이라 네가 누워 있는 땅을 내가 너와 네 자손에게 주리니 네 자손이 땅의 티끌같이 되어 네가 서쪽과 동쪽과 북쪽과 남쪽으로 퍼져 나갈지며 땅의 모든 족속이 너와 네 자손으로 말미암아 복을 받으리라 내가 너와 함께 있어 네가 어디로 가든지 너를 지키며 너를 이끌어 이 땅으로 돌아오게 할지라 내가 네게 허락한 것을 다 이루기까지 너를 떠나지 아니하리라"(창 28:13-15).

야곱은 아마도 그가 형과 아버지를 속여 가로챈 복의 참 주인은 에서도, 이삭도 아닌 여호와시라는 사실을 잘 인식하지 못했던 것 같다. 그래서 그는 형과 아버지만 잘 속이면 그 복은 자기 몫이라 생각했던가 보다. 그런데 정작 그 복의 참 주인이 계시다는 것, 그분이 바로 여호와시라는 것, 그 하나님이 지금 잠들어 있는 자기 머리 곁에 서서 내려보고 계심을 알았을 때 얼마나 놀랐을 것인가.

하지만 그를 더 놀라게 한 것은 하나님의 뜻밖의 약속이었다. 당장 천벌이라도 내려져야 할 그 상황에서 하나님은 오히려 그에게 큰 약속을 하신다. 그리고 그에게 분명히 깨닫게 하신다. 여호와가 계시다는 것, 여호와가 복의 근원이시라는 것, 그 여호와께서 그에게 복을 주고자 하신다는 것을 말이다.

그래서 야곱은 두려움 반, 놀라움 반으로 "두렵도다(מה־נורא, 마-노라) 이곳이여"(창 28:17)라고 외친다. 무서움이 아닌 경외함의 외침, 후일에 시편의 저자도 이와 같은 외침을 기록한 바 있다.

"…주의 일이 어찌 그리 엄위하신지요(מה־נורא, 마-노라)…"(시 66:3).

그 외침은 베고 잔 돌을 세워 기름을 붓고 서원을 드리는 것으로 이어진다.

"…하나님이 나와 함께 계셔서 내가 가는 이 길에서 나를 지키시고 먹을 떡과 입을 옷을 주시어 내가 평안히 아버지 집으로 돌아가게 하시오면 여호와께서 나의 하나님이 되실 것이요 내가 기둥으로 세운 이 돌이 하나님의 집이 될 것이요 하나님께서 내게 주신 모든 것에서 십분의 일을 내가 반드시 하나님께 드리겠나이다"(창 28:20-22).

여호와께서 아브라함의 하나님이시고 이삭의 하나님이심과 같이, 이제는 야곱의 하나님으로 모시겠다는 서원이다. 이렇게 그는 '야곱의 하나님'이라는 칭호를 하나님께 먼저 제안한 사람이다. 아울러 "하나님의 집" "십일조"를 서원하므로 성전 제사의 첫 운을 띄우기까지 한다. 이 놀라운 고백은 그를 놀라우신 하나님과의 동행으로 이끌어 갈 것이다. 아직은 상상조차 할 수 없는, 이스라엘이라는 이름을 받는 자리에 이르기까지, 하나님은 그를 계속 놀라고 감탄하게 하실 것이다.

많은 세월이 흘러 야곱처럼 놀라움에 사로잡혀 고백을 쏟아 낸 그의 후손이 있었다. 예수께서 그를 가리켜 "이는 참으로 이스라엘 사람이라" 하신 청년이다(요 1:47).

"랍비여 당신은 하나님의 아들이시요 당신은 이스라엘의 임금이로소이다"(요 1:49).

이 같은 고백을 한 나다나엘에게 예수님은 말씀하셨다.

"내가 너를 무화과나무 아래에서 보았다 하므로 믿느냐 이보다 더 큰일을 보리라 진실로 진실로 너희에게 이르노니 하늘이 열리고 하나님의 사자들이 인자 위에 오르락내리락하는 것을 보리라"(요 1:50-51).

아직 놀라기는 이르다는 말씀이다. 앞으로 나다나엘은 그가 고백한 예수님의 하나님의 아들 되심을 본격적으로 알아 갈 것이라는 말씀이다. 물이 포도주가 되는 기적을 시작으로(요 2장), 예수의 제자들은 장차 하나님의 사자들이 예수님 위에 오르락내리락하는 것을 보게 될 것이다.[2]

그러고 보니 천사가 야곱 위에 오르락내리락했던 것이 맞았나 보다.

1. 야곱은 부모를 통해 이어받은 하나님에 대한 믿음이 이제 그 하나님을 직접 만남으로 새 국면을 맞게 되었다. 나의 경험은 어떠한가? 우리 자녀의 경험은 어떨까?

2. 하나님은 왜 야곱을 꾸짖기는커녕 오히려 보살피고 하나님을 아는 바른 지식에 이르도록 이끄셨을까?

*

야곱을 더 놀라게 한 것은
하나님의 뜻밖의 약속이었다.
당장 천벌이라도 내려져야 할
그 상황에서 하나님은
오히려 그에게 큰 약속을 주셨다.

21 복을 약속받은 야곱은 왜 사면초가에 빠지게 되었을까?

-라반의 덫

창 29장

"야곱이 아침에 보니 레아라…"(창 29:25).

신혼 초야를 치르고 깬 야곱이 당면한 상황이었다. 당연히 라헬일 것으로 생각하고 잠자리에 들었는데 일어나 보니 그 언니였던 것이다. 저녁이고(창 29:23) 또 신부의 얼굴을 베일로 가리기에 야곱이 제대로 알아보지 못할 것을 알고 라반이 계획적으로 꾸민 일이다.

"외삼촌이 어찌하여 내게 이같이 행하셨나이까 내가 라헬을 위하여 외삼촌을 섬기지 아니하였나이까 외삼촌이 나를 속 이심은 어찌됨이니이까"(창 29:25b).

라반에게 속은 야곱이 따졌다. 그런데 이 장면은 전에 있던 한 사건과 매우 흡사하다.

"에서가…소리 내어 울며 아버지에게 이르되 내 아버지여 내게 축복하소서 내게도 그리하소서 이삭이 이르되 네 아우가 와서 속여 네 복을 빼앗았도다"(창 27:34-35).

야곱에게 속은 에서와 이삭의 대화다.
'저버리다, 배신하다'는 뜻의 어근 '림마'(רמה)를 공통으로 갖는 이 두 본문에서 야곱은 먼저 가해자였고 후에는 피해자였다.

"내 아들아 내가 네게 무엇을 할 수 있으랴"(창 27:37b).

에서의 울부짖음이 여호와의 복의 약속을 되돌릴 수 없었듯이, 야곱 역시 그의 혼인을 그대로 받아들여야 했다.

"언니보다 아우를 먼저 주는 것은 우리 지방에서 하지 아니하는 바이라"(창 29:26).

라반은 이같이 변명한 뒤 다음 시나리오를 계획대로 진행한다.

"이를 위하여 칠 일을 채우라 우리가 그도 네게 주리니 네가 또 나를 칠 년 동안 섬길지니라"(창 29:27).

사실 처음에 알아봤어야 했다. 야곱이 라반을 처음 만났을 때 라반이 이렇게 물었다.

"네가 비록 내 '아우'이나 어찌 그저 내 일을 하겠느냐…"(창 29:15).

형을 피해 외삼촌 집에 온 것인데 '아우'란 표현이 마치 형인 에서가 부르는 것처럼 들리는 대화였다.[1]
라반이 말을 이어 갔다.

"…네 품삯을 어떻게 할지 내게 말하라"(창 29:15).

라반은 야곱에게 서로의 관계를 삼촌과 조카가 아닌, 고용주와 품꾼으로 하겠다는 뜻을 건넨 것이다. 그리고 세월이 지나 야곱이 레아와 라헬의 남편이 되어 열두 자녀를 거느린 아버지가 된 후에도 라반의 입장은 달라지지 않았다.

"…네 품삯을 정하라 내가 그것을 주리라"(창 30:28).

삼촌과 조카도, 또 장인과 사위도 아닌, 여전히 고용주와 품꾼의 관계일 뿐임을 다시 각인시키는 말이다.

이렇듯 라반은 야곱에게 에서의 존재를 상기시키는 인척이었고, 에서에게서 가로챈 복이 야곱에게 내리지 못하도록 작정하고 나서기라도 한 듯 야곱의 품삯을 자그마치 열 번이나 바꾼 악덕 고용주였다(창 31:41). 야곱의 고백대로, "우리 아버지의 하나님, 아브라함의 하나님 곧 이삭이 경외하는 이가…함께 계시지 아니하셨더라면" 야곱은 빈털터리가 되고 말았을 것이다(창 31:42).

'덫'을 '복'으로 바꾸시는 하나님

그러나 이것이 다가 아니다. 야곱이 저지른 큰 잘못도 있었다. 사랑하지 않는 레아를 아내로 떠안은 지 한 주 후, 라반의 지침대로 레아의 동생 라헬이 야곱에게 작은 처로 주어졌다. 이때 야곱은 "레아보다 라헬을 더 사랑하여"(창 29:30) 두 자매가 한 남편을 두고 서로 싸우는 전쟁터를 만드는 구실을 제공했다(창 29:31-30:24). 그 결과로 야곱은 에서와 라반을 통해 겪을 만큼 겪은 형제간의 갈등을 이제는 집안에까지 들여놓게 되었다.

"내게 자식을 낳게 하라 그렇지 아니하면 내가 죽겠노라"
(창 30:1).

라헬이 야곱에게 한 말이다. 이때 "낳게 하라"는 '달라'(הבה, 하바)로 명령형의 동사를 의역한 것이다. 자식을 '달라'는 라헬의 '명령'은 사실 이전에 야곱이 라반에게 썼던 표현이다. 개역개정에는 "내 아내를 주소서"(창 29:21)라고 공손한 말투로 옮겼지만 히브리어 원문은 라헬의 '명령'과 동일한 '하바'로 내 아내를 '달라'고 했다.

야곱은 라반에게 이 요구를 하기까지 라헬을 위해 7년을 일하며 기다렸다. 그런 야곱에게 라반은 라헬 대신 레아를 신혼 방으로 들여보냈다. 세월이 흐른 지금, 라헬은 야곱에게 아들을 요구하고 있는데, 결혼 이후 언니 레아가 이미 아

들 넷을 낳은 후였으니, 어림잡아 야곱이 자기를 위해 기다
린 시간만큼 기다리고 꺼낸 말이었을 것이다. 그런 라헬에
게 야곱은 매우 신경질적인 반응을 보인다.

> "야곱이 라헬에게 성을 내어 이르되 그대를 임신하지 못하
> 게 하시는 이는 하나님이시니 내가 하나님을 대신하겠느냐"
> (창 30:2).

생명의 주관자는 하나님뿐이시라는 바른 대꾸를 하고 있
기는 한데, 그가 성이 난 이유는 아마도 '달라'는 라헬의 요
구가 이전의 라반과의 치가 떨리는 기억을 다시 떠올리게
했기 때문일 것이다. 아울러 자식을 '달라'는 라헬의 요구는
그렇지 않아도 라반의 부당한 처사로 인해 계속 위협받고
있는 복의 확신을 더욱 흔들어 놓기 때문일 수 있다.

생명의 위험을 무릅쓰고 에서에게서 복을 훔쳤는데, 아내
는 결혼 첫날 뒤바뀌고 품삯은 열 번이나 번복되며 사랑하
지 않는 레아에게서는 잘도 출생하는 자식을 정작 그가 사
랑한 라헬은 갖지 못하고 있다. 이 모든 현실이 야곱을 매우
혼란스럽게 했을 것이다. 그런 가운데 라헬의 "죽겠노라"는
말은 그의 존재감을 뒤흔드는 말이었을 것이다. 더 나아가,

"죽겠노라"는 이 말이 라헬의 입에서 터져 나온 순간, 야곱의 집에는 자매간의 싸움을 넘어서 에서의 위협이 되살아 났다.

"…죽이리라"(창 27:41).

그를 "죽이리라" 벼르던 에서의 분노, 그 소리가 이제 이 집 안방 주인의 입에서 "죽겠노라"로 바뀌어 야곱의 집을 에 워쌌다.

그럼 레아가 야곱에게 건넨 말은 어땠을까?

"…내가 내 아들의 합환채로 당신을 샀노라…"(창 30:16).

야곱이 에서의 복을 "빼앗"았듯이(창 27:36) 라헬 역시 레아에게서 남편을 "빼앗"았다(창 30:15). 전에 야곱과 에서가 "팥죽"으로 장자 명분을 거래했듯이, 라헬과 레아는 "합환채"(창 30:14)로 남편 거래를 했다. 16절 말씀은 이로 말미암아 레아가 야곱을 부리게 되었다는 것이다. 여기서 "샀노라"로 번역한 말은 야곱과 라반이 서로간에 흥정한 "품삯"과 동일한 어근 '싸카르'(שׂכר)에서 파생된 단어로서 '품꾼을 삼는다'는 뜻을 갖는다. 집에서조차 '품꾼'으로 전락한 야곱. 그래서인지 그는 열두 아들과 딸 하나를 얻는 동안 단 한 번도 자녀의 이름을 지어 준 적이 없다. 라헬이 죽고 나서 막내 이름을 베냐민으로 바꾼 것이 전부다.

훔친 복으로 잘살아야 했을 야곱. 에서에게서 도망함으로 새 삶을 꾸리고자 한 야곱. 그런 야곱에게 일찍이 "내가 너와 함께 있어 네가 어디로 가든지 너를 지키며…너를 떠나지 아니하리라"(창 28:15) 약속하신 하나님은 이제 그 약속을 이루기 위해 야곱의 삶과 그 주변을 철저히 주장해 가신다.

사면초가! 하나님의 이 놀라운 섭리는 야곱으로 하여금 여호와의 하나님 되심과 그 약속을 이행하심을 목도하게 하여 그를 이스라엘로 거듭나게 할 것이다. 그리고 이스라엘은 더 이상 야곱이 훔친 복이 아닌, 여호와께서 약속하신 복으로 살아가게 될 것이다. 그러기 위해 그는 먼저 하나님 외에는 그를 도울 자가 없음을 알아가야 했다.

Q 묵상을 위한 질문

1. 야곱이 생각한 복과 하나님이 약속하신 복의 근본적 차이가 무엇 인지를 묵상해 보라.

2. 창세기 31장 3절에서 이 일들이 있은 후에 하나님은 야곱에게 "네 조상의 땅 네 족속에게로 돌아가라 내가 너와 함께 있으리라"고 말씀하셨다. 이 말씀은 야곱에게 어떤 의미가 있었을지 나눠 보라.

3. 곤경을 통하여 얻은 영적인 복이 있었는가?

22 모세는 디나의 강간 사건을 어떻게 바라보았을까?

-디나의 사건

창 34장

디나의 '강간' 사건을 어떻게 이해해야 할까?

모세는 단어 선택을 세심하게 함으로써 이스라엘이 이 사건과 연루된 인물들에 대해 다양한 관점에서 살펴보도록 했다.

우선 디나를 보자. 디나는 "레아가 야곱에게 낳은"(창 34:1) "야곱의 딸"이었다(3, 19절). 사건이 일어나던 시기에 디나는 아직 결혼 전의 "소녀"(נערה, 나아라)였고(창 34:3) 아울러 나이가 어린 "소녀"(ילדה, 얄다)였다(4절).

디나는 가나안 "딸들"의 삶과 차림새를 궁금해했다.

"디나가 그 땅의 딸들을 보러 나갔더니"(창 34:1b).

여기서 '보다'는 '궁금하고 원해서 본다, 자세히 살핀다'
는 뜻으로 이해될 수 있으며[1], 같은 용례가 아가서에 있다.

"골짜기의 푸른 초목을 보려고 포도나무가 순이 났는가 석류
나무가 꽃이 피었는가 알려고 내가 호도 동산으로 내려갔을
때에"(아 6:11).

어린 디나는 성안에 사는 가나안 소녀들의 삶이 보고 싶
어 당시 관례를 깨고 홀로 집을 나섰다. 그런데 이렇게 "보
러" 나간 디나를 세겜이 "보고" 강간했다는 것이 우리가 이
사건을 일반적으로 이해하는 개요다(창 34:2).

이제 가해자 세겜을 보자. 세겜은 그 땅의 추장 "하몰의
아들"이었다(창 34:2)[2]. 아울러 그를 "소년"(נער, 나아르)으로 표
현한 것으로 보아(19절) 그 역시 아직 결혼 전이었음을 알 수
있다.

그런데 강간자치고는 그가 디나에 대해 가진 마음이 진솔
하고 간절하다.

"이 소녀를 내 아내로 얻게 하여 주소서"(창 34:4b).

이 말에서 그가 디나를 원한 것이 거짓이 아니었다고 볼 수 있다. 저자도 이 면을 부인하지 않는다.

"그 마음이 깊이 야곱의 딸 디나에게 연연하며 그 소녀를 사랑하여 그의 마음을 말로 위로하고"(창 34:3).

원문을 통해 살피자면, 마치 아담이 하와를 보고 고백했듯(창 2:23) 그의 혼이 디나와 '합하여'(ותדבק, 와티드박) 사랑하고, 마치 보아스가 룻에게 하듯(룻 2:13) 디나의 '마음에 말했다'(וידבר על-לב, 와예다베르알-렙)는 것이다.

세겜의 관점에서 그의 사랑은 진실된 것이었다. 그래서 그는 디나의 오라버니들에게 이렇게 말한다.

"나로 너희에게 은혜를 입게 하라 너희가 내게 말하는 것은 내가 다 주리니 이 소녀만 내게 주어 아내가 되게 하라 아무리 큰 혼수와 예물을 청할지라도 너희가 내게 말한 대로 주리라"(창 34:11-12).

만약 세겜이 단순한 강간자라면 다음과 같은 고대 근동법을 따라 의무를 져야 했다.

미혼의 남자가 미혼의 소녀를 "억제해 붙잡고 강간했을 때" 그는 "소녀의 세 배 가치의 은을 그 아버지에게 줄 것이요 그녀를 강간한 자가 그녀와 결혼할 것이요, 그는 그녀를 버리지 못한다"(중기 앗수르 MAL 토판A, 55문단).[3]

그런데 세겜은 의무로서가 아니라 사랑해서 디나를 원한다고 했다. 사실 그를 강간자로 무작정 몰아가기에는 다소 석연치 않은 점이 있다.

"세겜이 그를 보고 끌어들여 강간하여 욕되게 하고"(창 34:2b).

이를 원문에 맞게 번역하면 이렇다.

'세겜이 그녀를 보고 데려가 그녀와 함께 동침하고 그녀를 욕되게 했다.'

이 사건과 흔히 비교되는 다말의 강간 사건의 경우, 암몬은 다말을 '힘으로 눌러 욕보이고 그녀와 동침했다'(히브리어 직역, 삼하 13:14). 프라이머 켄스키(T. Frymer-Kensky)가 관찰했듯이, 이 두 사건 사이의 차이는 암논-다말의 경우 '힘으로 눌러 욕보임'이 전개 과정인 데 반해, 세겜-디나의 경우 강압적 요소가 결여되었을 뿐만 아니라 '욕보임'이 그 과정이 아닌 결과라는 점이다.[4] 즉 합의에 의한 성관계일 수 있다는 것이다.

이렇게 볼 때 세겜-디나의 사건은 당시 고대 근동법보다는 오히려 후에 모세를 통해 제정될 이스라엘의 법에 해당한다고 볼 수 있다.

"사람이 약혼하지 아니한 처녀를 꾀어 동침하였으면 납폐금을 주고 아내로 삼을 것이요"(출 22:16).

디나 오빠들의 반응은 지나친 건가?

그럼에도 불구하고 이 사건을 여전히 강간 사건으로 봐야 할 이유는 세겜 스스로가 말했듯이 디나가 어린 "소녀"(얄다)였기 때문이다(창 34:4). 비록 합의에 의한 성관계였다 할지라도 디나가 온전한 성적 자기결정권을 행사하기 어려운 '어린' 소녀였음을 감안할 때, 현대의 독자들은 이를 법정 강간(statutory rape)이라 보지 않을 수 없는 것이다.

뿐만 아니다. 고대 근동에서 여성의 성적 자기결정권은

연령과 상관없이 결혼 전에는 그의 아버지에게 있었고 결혼 후에는 남편에게 있었다. 예외는 오직 창녀의 경우뿐이었다. 그래서 세겜-디나의 경우, 만약 합의적 성관계가 맞다면, 이는 디나가 "창녀"로 비쳐지는 것이며 이를 유도한 ('데려간') 세겜을 마땅히 죽여야 한다는 것이 시므온과 레위의 주장의 핵심이다.

"그가 우리 누이를 창녀같이 대우함이 옳으니이까"(창 34:31).

결국 시므온과 레위의 관점에서 이 사건은 강간 사건이 아닌, 야곱의 딸을 창녀로 전락시킨 가문에 대한 보복 전쟁이었다. 그래서 그들은 '계략'("속여", 창 34:13) "기습"(25절) '전멸'(25절) "노략"(27-29절) 등 전형적인 전쟁의 형태로 이 사건을 끌고 갔다.

이 사건에서 야곱은 어떤 대책도 내놓지 않았거니와 어떤 지도력도 발휘하지 못한다. 마치 사라를 빼앗기고 속수무책이던 아브라함처럼(창 12, 20장), 리브가를 그럴 사람들에게 내줄 뻔한 이삭처럼(창 26장), 야곱은 딸 디나를 가나안 사람에게 빼앗기고도 속수무책이었다(창 34:5).

만약 디나가 라헬의 딸이었으면 달랐을까? 이 사건에서

격노한 것은 야곱이 아닌 그의 아들들이었고(창 34:7), 칼을 들고 하몰 일가를 죽여(25절) 가나안으로부터 디나를 되찾아 온 것도 디나와 같은 배에서 태어난 시므온과 레위였음을 저자는 놓치지 않는다(26절).

이런 야곱이기에 그가 "너희가 내게 화를 끼쳐 나로 하여금 이 땅의 주민 곧 가나안 족속과 브리스 족속에게 악취를 내게 하였도다"(창 34:30)라며 시므온과 레위를 책망하는 것이 전혀 무게감 없어 보인다. 그럼에도 불구하고 이 말이 중요한 이유는 "이 땅의 주민"은 아직은 "가나안 족속과 브리스 족속"이라는 인식 때문이다. 가나안에 대한 하나님의 심판, 그 도구로 사용될 이스라엘의 열두 지파, 그 역사는 언젠가 일어날 것이다. 하지만 아직은 아니다. 아직은 야곱과 그의 자녀들이 가나안과 함께 그 땅에서 기거해야 했다. 그렇기에 시므온과 레위가 세겜을 진멸하려 피 흘린 일은 잘못이라는 것이 족장 야곱의 관점이다.

이제 저자가 의도한 또 하나의 관점을 살펴보자.

저자는 세겜이 디나에 대해 가진 마음이 진심이었다는 것을 누누이 인정해 준다. 그럼에도 불구하고 그는 그 결과가 '더럽힘'이었다는 중요한 신학적 결론을 내려 준다(창 34:5, 13, 27). 모세는 이 단어를 레위기에서 본격적으로 사용하는

데, '부정하다'(אמט, 타메)로 번역되곤 하는 이 동사가 가리키는 것은 하나님의 제사에 참여함을 방해받는 상태다. 디나의 사건이 설사 합의에 의한 것이었다 할지라도 그 결과가 디나로 하여금 제의적 '정결'을 상실케 했기에 잘못되었음을 지적하는 것이다.

성도가 가나안에 사는 동안 '합의'의 상황이 없을 수는 없으나 그럴수록 예배자는 예수 안에서 '정결'을 감사함으로 받고 실천해야 할 것이다.

Q 묵상을 위한 질문

1. "모세는 단어 선택을 세심하게 함으로써 이스라엘이 이 사건과 연루된 인물들에 대해 다양한 관점에서 살펴보도록 했다." 이러한 저자의 노력이 독자에게 주는 유익은 무엇인가?

2. 신앙생활에서 정결의 의미는 무엇일까? 적용의 예를 생각한 후 나눠 보라.

23 하나님의 타이밍은 더함도, 덜함도 없다

- 그"때"에

창 37장

하나님께서 행하시는 일은 "그 위에 더할 수도 없고 그것에서 덜할 수도 없"다고 했다(전 3:14). 요셉이 은 이십에 팔리던 정황 역시 그렇다. 무엇보다 그 사건의 타이밍(timing)을 살펴보자.

"그때에 미디안 사람 상인들이 지나가고 있는지라"(창 37:28a).

이"때"는 요셉의 형들이 그를 구덩이에 던진 후 음식을 먹느라 같이 모여 앉아 있던 때였다.

"그들이 앉아 음식을 먹다가 눈을 들어 본즉"(창 37:25a).

그 자리에서 유다는 형제들에게 요셉을 팔자고 제안했고, 즉시 형제들은 합의를 보아 구덩이에서 요셉을 끌어올렸다. 바로 "그때에" 상인들이 그곳을 지나고 있었고 형제들은 요셉을 은 이십에 팔았다. 그 시간, 그곳, 유다의 말, 형제들의 결정, 상인들이 지나간 타이밍, 이 모두는 정확히 일치했고, 그 결과 요셉은 종으로 팔려 갔다.

이 "때" 르우벤은 그 자리에 없었다.

"르우벤이 돌아와 구덩이에 이르러 본즉 거기 요셉이 없는지라…"(창 37:29).

같이 둘러앉아 음식을 먹는데 왜 유독 르우벤만 자리를 비웠는지 알 수는 없지만, 요셉이 팔린 것을 알고는 자기 옷을 찢으며, "아이가 없도다 나는 어디로 갈까"(30절) 울부짖는 르우벤의 반응으로 미뤄 볼 때, 장자 르우벤이 그 자리를 잠시 비우지 않았다면, 요셉이 팔려 가는 일은 결코 일어나지 않았을 것이다.

그렇다. 그 "때" 르우벤은 잠시 자리를 비웠다. 다시 말하지만, 르우벤이 그 "때" 없었기에 요셉이 팔릴 수 있었다.

요셉이 형들을 찾아 도단에 왔을 때, 형제들은 "그를 죽여

한 구덩이에 던지고 우리가 말하기를 악한 짐승이 그를 잡아먹었다 하자"(창 37:20)고 입을 모았다. 그때까지만 해도 르우벤은 그 자리에 있어 아우들이 요셉을 죽이는 것을 막고, 그를 산 채로 구덩이에 던지도록 주도했다(21절). 창세기 저자는 그 장면에서 르우벤의 의도에 대해 이렇게 설명한다.

"이는 그가 요셉을 그들의 손에서 구출하여 그의 아버지에게로 돌려보내려 함이었더라"(창 37:22).

즉 요셉이 죽지 않은 것은 그를 살려 아버지 야곱에게 돌려보내려는 르우벤이 그때, 그 자리에 있었기 때문이다. 그런 르우벤이 잠시 후 자리를 비웠고, 미디안 상인들은 바로 그"때" 이 지점을 지나갔다.

바로 "그때에"

그러나 요셉은 팔려 가야 했다. 그가 앞서 애굽에 내려가 그의 부모와 형제들이 기근을 피할 수 있도록 발판을 마련해야 했다. 나아가 그 후손들이 애굽에서 크게 번성하여 이스라엘이라는 한 민족을 이루어야 했다. 이것이 하나님의 뜻이었고 섭리였다. 요셉은 이 뜻을 이루기 위해 종으로 팔려 가는 고초를 감당해야 했다.

"그가 또 그 땅에 기근이 들게 하사 그들이 의지하고 있는 양식을 다 끊으셨도다 그가 한 사람을 앞서 보내셨음이여 요셉이 종으로 팔렸도다 그의 발은 차꼬를 차고 그의 몸은 쇠사슬에 매였으니 곧 여호와의 말씀이 응할 때까지라 그의 말씀이 그를 단련하였도다"(시 105:16-19).

이 섭리에 따라 르우벤은 요셉의 생명을 지켜 냈고, 요셉은 구덩이에 던져져야 했으며, 르우벤이 자리를 잠시 비운 그"때" 형제들은 앉아 음식을 먹다가 유다의 말을 들어야 했다. 바로 그"때" 애굽으로 가는 상인들이 그 자리를 지나며 요셉을 사야 했다. 마치 각본에 맞춰 출연자들이 정확히 무대에 등장하고 사라지듯, 하나님이 행하시는 일에서 이들은 한 치의 더함도, 덜함도 없이, 정확한 시간에 정확히 각자의 역할을 수행했다.

이러한 타이밍은 야곱이 요셉을 헤브론에서 세겜으로 보내던 때 이미 시작되었다.

"이스라엘이 그에게 이르되 가서 네 형들과 양 떼가 다 잘 있
는지를 보고 돌아와 내게 말하라 하고 그를 헤브론 골짜기에
서 보내니 그가 세겜으로 가니라"(창 37:14).

야곱이 아들들을 걱정한 이유는 바로 2년 전, 그 아들들이
세겜에서 하몰의 가문을 살육하고 노략했기 때문이다. 그
결과 야곱 일행은 가나안 사람들의 보복을 두려워해야 했
는데(창 34:30), 하나님이 지키셔서 추격당하지 않고 무사히
세겜을 빠져나올 수 있었다(창 35:5). 그렇게 세겜의 원한을
산 아들들이 세겜에 다시 간 것은 메마른 헤브론에서는 더
이상 양을 칠 수 없었기 때문이다. 그런 까닭에 야곱은 아들
들의 안부가 걱정되었고, "십칠 세의 소년"(창 37:2) 요셉을 헤
브론에서 세겜으로 보내게 되었다. 대략 80km의 거리였다.

그런데 3일 길을 걸어서 세겜에 도착한 요셉은 "방황"했다.

"어떤 사람이 그를 만난즉 그가 들에서 방황하는지라 그 사람
이 그에게 물어 이르되 네가 무엇을 찾느냐 그가 이르되 내가
내 형들을 찾으오니 청하건대 그들이 양치는 곳을 내게 가르쳐
주소서 그 사람이 이르되 그들이 여기서 떠났느니라 내가 그
들의 말을 들으니 도단으로 가자 하더라 하니라"(창 37:15-17).

그 말을 듣고 요셉은 세겜에서 도단까지 21km 길을 더 가 드디어 형들을 만났다. 도합 101km를 걸은 것이다. 그렇게 걷고, 자고, 쉬고, 먹고, 또 도중에 "방황"한 시간까지 합쳐서 미디안 상인이 나타난 그"때"를 정확하게 맞추게 되었다. 다시 한번, 하나님께서 행하시는 일은 "그 위에 더할 수도 없고 그것에서 덜할 수도 없"다(전 3:14).

그렇게 미디안 상인들에게 팔린 요셉은 애굽으로 끌려가 종으로 팔렸다. 그때 "애굽 사람은 다 목축을 가증히" 여겼기에(창 46:34), 이스라엘은 목자의 신분으로 그런 애굽에 정착하기 어려웠다. 그래서 하나님은 종의 신분으로 애굽에 들어간 요셉을 통해 야곱과 그 자손이 훗날 애굽에 어려움 없이 들어가게 하셔서 큰 민족을 이루게 하셨다.

그"때"의 타이밍은 하나님의 뜻에 정확히 맞춰져 있었다. 야곱과 형제들, 상인들 그리고 요셉은 하나님의 행하심에 일치의 더함도, 덜함도 없이 그 섭리에 따라 움직이고 있었다.

얼마의 시간이 흘러 요셉을 판 형들이 그의 앞에 섰을 때, 요셉은 형제들에게 자신을 알리며 이렇게 말했다.

"하나님이 큰 구원으로 당신들의 생명을 보존하고 당신들의 후손을 세상에 두시려고 나를 당신들보다 먼저 보내셨나니 그런즉 나를 이리로 보낸 이는 당신들이 아니요 하나님이시라"(창 45:7-8).

요셉의 고백처럼 하나님의 타이밍에 따라 요셉은 "먼저" 애굽에 보내졌다.

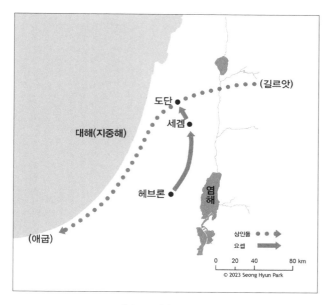

애굽으로 팔려 가는 요셉

Q 묵상을 위한 질문

1. 고난 당시에는 하나님을 원망했으나 지나고 보니 하나님의 인도하심이었다고 고백할 수 있는 경험이 있는가?

2. 하나님은 요셉의 하나님이시자 그 형제들의 하나님이셨다. 충분히 수긍이 가는가?

*

하나님께서 행하시는 일은
그 위에 더할 수도 없고 그것에서
덜할 수도 없다.
한 치의 더함도, 덜함도 없이
정확한 시간에 하나님의 섭리에 따라
각자의 역할을 수행한다.

24 창세기를 통해 소개받는 메시아 예수

-왕의 인장

출애굽한 이스라엘이 모압 평지에 이르렀을 때 모압 왕 발락은 동방 유브라데 강가로부터 점술가 발람을 불러 이스라엘을 저주케 했다(민 22:5; 수 13:22). 그러나 하나님은 그 계획을 뒤집어 오히려 발람을 통해 이스라엘을 축복하고 "후일"(민 24:14)에 "야곱" 즉 이스라엘에게서 나올 "별"에 대한 예언을 선포하셨다.

"내가 그를 보아도 이때의 일이 아니며 내가 그를 바라보아도 가까운 일이 아니로다 한 별이 야곱에게서 나오며 한 규가 이스라엘에게서 일어나서 모압을 이쪽에서 저쪽까지 쳐서 무찌르고 또 셋의 자식들을 다 멸하리로다 그의 원수 에돔은 그들의 유산이 되며 그의 원수 세일도 그들의 유산이 되고 그와 동시에 이스라엘은 용감히 행동하리로다 주권자가 야곱에게서 나서 남은 자들을 그 성읍에서 멸절하리로다"(민 24:17-19).

동방의 점술가 발람이 본 별은 장차 유대인의 왕으로 나실 메시아 예수를 가리켰다. 그 왕이 나실 때 동방으로부터 박사들이 그를 가리키는 별을 따라 베들레헴에 이르러 왕께 경배했다(마 2:1-11).

이처럼 메시아 예수의 나심은 출애굽한 이스라엘에게 선포하신 말씀을 통해 약속되었고 역사는 그 약속의 성취를 우리에게 보여 주었다.

그러나 왕으로 오실 예수를 가리키는 예표는 발람이 본 그 별이 처음이 아니었다. 하나님은 창세기를 통해 이스라엘에게 그 예표들을 이미 주셨다. 발람의 예언에서 "별"을 가리켜 이스라엘에게서 일어날 "규"라 한 것이나(민 24:17) "주권자가 야곱에게서" 나리라는 것(민 24:19) 모두 창세기에 이미 기록되어 있다. 그 내용들을 살펴보자.

모형으로서의 "아담"

"한 별이 야곱에게서 나오며…주권자가 야곱에게서 나서"(민 24:17, 19).

"주권자가…나서"로 옮긴 히브리어 동사는 '다스리다'는 뜻을 가진 '라다'(רדה)로서 창세기에 단 두 번 사용되었다.

"하나님이 이르시되 우리의 형상을 따라 우리의 모양대로 우리가 사람을 만들고 그들로 바다의 물고기와 하늘의 새와 가축과 온 땅과 땅에 기는 모든 것을 **다스리게 하자**(וירדו, 웨이르두) 하시고"(창 1:26).

"하나님이 그들에게 복을 주시며 하나님이 그들에게 이르시되 생육하고 번성하여 땅에 충만하라, 땅을 정복하라, 바다의 물고기와 하늘의 새와 땅에 움직이는 모든 생물을 **다스리라**(ורדו, 우레두) 하시니라"(창 1:28).

이렇게 하나님으로부터 다스리라는 명을 받은 아담에 대해 바울은 다음과 같이 정의한다.

"아담은 오실 자의 모형이라"(롬 5:14b).

이 구절에서 "오실 자"란 예수 그리스도를 가리키기에, 아
담은 예수의 모형이었다는 말씀이 된다. "모형"(typos)의 사
전적 의미는 인장을 찍었을 때 남는 인영을 뜻한다. 고대에
두루마리로 된 공문서를 보낼 때 이를 봉인하기 위해 묶은
노끈의 이음매에 점토덩어리인 봉니를 붙이고 인장을 눌러
찍었는데, 수취인은 봉니에 찍힌 인영을 보고 발신자와 내
용의 완전성을 확인할 수 있었다(그림 참조). 조금 단순화시켜
적용해 보자면 이런 셈이다. 우리가 창세기라는 공문서를
수신했는데(성령의 감동으로 모세를 통해), 그 문서에 찍힌 인영(아
담)을 보니 그 인장(성자 예수)을 찍은 발신자가 성부 하나님이
시더라는 말이다.

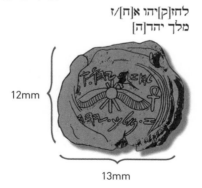

유다 왕국 시대 봉니: 히스기야(의 인장) - 아하스(의 아들) 유다 왕[1]

이처럼 아담은 예수 그리스도의 "모형" 즉 인영이었다. 비록 보석을 깎아 만든 인장과 점토덩어리인 봉니는 서로 근본적으로 다른 것이지만, 인장의 인영 또는 인문이 봉니에 찍힐 때 그 봉니는 더 이상 단순한 점토덩어리가 아닌, 그 주인의 의도와 권위를 반영하는 증표가 된다. 마찬가지로 아담은 흙을 빚어 예수 그리스도의 인영, 인문을 찍은 하나님의 피조물이었다. 그 아담에 대해 창세기는 다음과 같이 말씀한다.

"하나님이 자기 형상 곧 하나님의 형상대로 사람을 창조하시되 남자와 여자를 창조하시고"(창 1:27).

이때 "사람"이라 번역한 '하아담'(הָאָדָם)은 "남자와 여자" 둘 다를 가리킨다. 따라서 이 둘 모두 예수의 "모형"이 된다는 것을 기억해야 한다.

이미 창세기 1장에서 이스라엘은 야곱에게서 나실 주권자를 소개받고 있다. 그는 바로 아담의 원형이신 메시아 예수님이다.

다스리는 권위로서 "규"

이제 발람의 예언에 등장하는 "규"를 살펴보자.

"…한 별이 야곱에게서 나오며 한 규가 이스라엘에게서 일어
나서…"(민 24:17).

"규"(שֵׁבֶט, 셰벳)는 그 의미를 확대하면 그 규가 상징하는 권
위, 그 규를 가진 통치자, 그 규를 가진 자의 권위 아래 있는
무리를 일컫는다(예를 들어 지파). 그러한 규가 "이스라엘에게
서 일어난다는 것"은 장차 이스라엘로부터 한 통치자, 왕이
나타날 것을 뜻한다.
이 "규" 역시 창세기에서 이미 말씀한 바 있다.

"너희는 모이라 너희가 후일에 당할 일을 내가 너희에게 이
르리라…규가 유다를 떠나지 아니하며 통치자의 지팡이가
그 발 사이에서 떠나지 아니하기를 실로가 오시기까지 이르
리니 그에게 모든 백성이 복종하리로다"(창 49:1, 10).

야곱이 아들들에게 남긴 유언으로, 이스라엘에서 일어

날 "규"가 유다 지파에 속할 것이라고 말한다. 예언적 성격을 가진 이 유언은 유다 지파의 다윗이 유다의 왕이 되고 (삼하 2장) 통일 왕국 이스라엘의 왕으로 등극함으로써(삼하 5장) 사실로 확인되었다. 그러나 이 예언 역시 발람의 예언과 마찬가지로(민 24:14) "후일"에 있을 일을 말씀하는 것으로서(창 49:1) "예수 그리스도"가 "다윗의 자손"으로 태어나심으로(마 1:1) 성취되었다.[2]

창세기 1장에서 이스라엘은 야곱에게서 나실 주권자, 아담의 원형이신 메시아 예수를 소개받았고, 창세기 49장에 이르러 그가 유다 지파로 이스라엘에서 일어날 왕이심을 알게 되었다.

심판자로서 "여자의 후손"

그런데 발람은 그 왕, 즉 "규가 이스라엘에게서 일어나서 모압을 이쪽에서 저쪽까지 쳐서 무찌르"실 것을 보았다(민 24:17). 모압만이 아니라 에돔(18절), 아말렉(20절), 겐(21-22절) 등 이스라엘의 대적들이 심판을 당할 것이다. 그리고 이러한 예언이 역사적 성취를 보게 될 것이라는 점은 이스라엘의 왕 다윗의 승전을 통해 입증되었다(삼하 8:2, 13-14).

하지만 이 일은 이미 언급했듯이 "후일"에 있을 일이었다(민 24:14). 그래서 다윗은 그 "규"와 승리가 다윗 자신이 아닌, 그의 "주"께 속한 것이라고 고백했다.

"여호와께서 내 주에게 말씀하시기를 내가 네 원수들로 네
발판이 되게 하기까지 너는 내 오른쪽에 앉아 있으라 하셨도
다 여호와께서 시온에서부터 주의 권능의 규를 내보내시리
니 주는 원수들 중에서 다스리소서"(시 110:1-2).

예수님은 시편 110편에서 다윗이 칭한 그 "주"가 바로 그리스도임을 분명히 하셨다.

"다윗이 그리스도를 주라 칭하였은즉"(마 22:45a).

바로 그 주, 그리스도께서 원수를 심판하실 것이다.

"주의 오른쪽에 계신 주께서 그의 노하시는 날에 왕들을 쳐
서 깨뜨리실 것이라"(시 110:5).

그리고 그 주, 그리스도께서는 원수를 심판하실 때 그 머리를 쳐서 깨뜨리실 것이다.

"뭇 나라를 심판하여 시체로 가득하게 하시고 여러 나라의 머리를 쳐서 깨뜨리시며"(시 110:6).

이때 "머리를 쳐서 깨뜨리시며"(מחץ ראש, 마하쯔 로쉬)라는 표현은 다윗이 민수기 24장 17절의 "쳐서 무찌르고"와 창세기 3장 15절의 "머리"를 하나로 묶어서 표현한 것이다. 즉 다윗의 시에서 그의 주 그리스도는 원수 된 뱀의 머리를 상하게 할 바로 그 "여자의 후손"인 것이다.

"내가 너로 여자와 원수가 되게 하고 네 후손도 여자의 후손과 원수가 되게 하리니 여자의 후손은 네 머리를 상하게 할 것이요 너는 그의 발꿈치를 상하게 할 것이니라"(창 3:15).

이렇게 이스라엘은 창세기의 말씀을 통해 장차 오실 메시아 예수를 소개받았다. 그는 아담의 원형으로서 "다스리라"(창 1:28) 하신 하나님의 명령을 준행하실 분이며, 원수 된 뱀의 "머리를 상하게 할"(창 3:15) 분이다. "모든 백성이 복종"할 유다의 "규"를 가진(창 49:10) 왕의 부르심이 있기에(마 28:19-20), 훗날 바울은 예수 그리스도의 "이름을 위하여 모든 이방인 중에서 믿어 순종하게" 하기 위해 그가 사도로서 부름 받았다고 고백했다(롬 1:5).

"유대인의 왕으로 나신 이가 어디 계시냐"(마 2:2a).

다윗 때로부터 천 년이 지나 동방의 박사들이 던진 이 질문은 인영이 가리키는 인장의 실체이신 그분이 어디 나셨는지를 묻고 있다.

비록 모세와 함께하던 시절 이스라엘이 실체이신 메시아 예수를 보지는 못했지만 그들에게는 말씀을 통해 주어진 예표들이 있었다.

예수 그리스도, 그분이 곧 그 실체이시며, 예수님의 나심과 죽으심과 부활하심을 통해 하나님은 스스로 약속의 말씀의 근원이심을 알리셨다. 그리고 우리는 그 약속을 따라 우리 가운데 세우신 왕을 구주로 알게 되었다.

Q 묵상을 위한 질문

1. 창세기를 통해 이스라엘은 장차 오실 메시아 예수에 대해 어떤 가르침을 받았는지 나눠 보라.

2. 본 장에서 다룬 내용 외에 예수님을 가리키는 예표들이 창세기에 또 있다면 정리해 보라.

주

1장

1. '온'(창 41:45, 50)은 애굽의 초기 왕조(주전 32-27세기)에서 고왕국 시대 (주전 27-22세기)를 지나며 이미 애굽의 종교적 중심지로 자리 잡았 다. 아툼(Atum) 신전이 거기 세워져 있었다. '아웬'으로 표기되기 도 했으며(겔 30:17), 헬라어로는 헬리오폴리스(Heliopolis)라 불렀다.

2. 애굽과 마찬가지로 메소포타미아 역시 창조와 관련한 신관을 갖 고 있었다. 다음을 참고하라. W. G. Lambert, "A New Look at the Babylonian Background of Genesis," *JTS* 16 (1965), 287 – 300.

3. 애굽의 신은 그 이름이 알려진 수만 해도 1,400을 웃돈다. 여기 에 알려지지 않은 신까지 더하면 2,000이 넘을 것으로 추정된 다. 대표적인 신들에 대한 안내는 다음을 참고하라. George Hart, *The Routledge Dictionary of Egyptian Gods and Goddesses*, 2nd ed. London: Routledge, 2005.

4. 70인역, 시리아역, 타르굼 등을 바탕으로 살필 때 개역개정의 "나 외에"가 "내 앞에"보다 더 정확한 번역으로 간주된다. 아울 러 이는 여호와 하나님 외에는 다른 신이 없음을 의미하는 것으 로 해석된다. 자세한 논의는 다음을 참고하라. Douglas K. Stuart, *Exodus*, NAC 2. Nashville: B&H, 2006, 448-449.

2장

1. U. Cassuto, *A Commentary on the Book of Genesis. Part I: From Adam to Noah, Genesis I-VI 8*, trans. Israel Abrahams (Jerusalem: The Magnes Press, 1961), 229.

3장

1. Bernard F. Batto, "The sleeping god: an ancient Near Eastern

motif of divine sovereignty," *Biblica* 68:2, 1987, 153-177.

2. © The Trustees of the British Museum. 연대: 애굽 제25왕조. 신화 내용은 제19왕조(주전 13세기)로 추정.

4장

1. 성서 히브리어 동사의 내러티브 시제형은 전통적으로 와우-계속 미완료형이라 불린다.

2. '바나' 동사의 사전적 의미에 대해서는 HALOT의 "בנה" 항목을 참조하라.

3. '쩰라' 명사의 사전적 의미에 대해서는 HALOT의 "I צֵלָע" 항목을 참조하라.

5장

1. P. D. 스미스,《도시의 탄생》, 엄성수 역. 고양시: 옥당, 2015, 78.

2. A. Heidel, *The Babylonian Genesis: The Story of Creation*, 2nd ed. Chicago: The University of Chicago Press, 1951, 62-63.

7장

1. Meredith G. Kline, "Divine kingship and Genesis 6:1-4," *WTJ* 24, no. 2, 1962, 187-204.

2. 프랑스 루브르 박물관 소장. 출처: Rama, Cc-by-sa-2.0-fr.

3. J. Scott Duvall and J. Daniel Hays, *Grasping God's Word: A Hands-On Approach to Reading, Interpreting, and Applying the Bible*, 4th ed. Grand Rapids, MI: Zondervan Academic, 2020, 183.

8장

1. A. R. George, "A Stele of Nebuchadnezzar II," in *Cuneiform Royal Inscriptions and Related Texts in the Schøyen Collection*, ed. A. R. George. Bethesda: CDL Press, 2011, 160.

2. George, "A Stele of Nebuchadnrezzar II," 167.

3. 일부 학자들은 산헤립이 허문 탑이 함무라비 때(주전 18세기) 쌓은 것일 수 있다고 본다. 참고로 산헤립은 히스기야 때 유다를 침공한 인물이다. 만약 그렇다면 바벨탑은 최소한 세 번은 지어졌을 것이다. 홍수 이후에 한 번, 함무라비 때 다시 한 번 그리고 느부갓네살 때 또 한 번.

4. 에테멘안키 건축에 사용된 벽돌의 수는 적게는 3,500만, 많게는 4,500만 장으로 추정된다. 일반 건축과 달리 이 탑의 건축에는 볕에 말린 벽돌과 구운 벽돌이 모두 사용되었다.

9장

1. Philo, *Abraham* 68-72; Josephus, *Ant*. 1.154-157.

10장

1. The Economist, "Can the Sea of Galilee be saved?" Dec 1st 2018, https://www.economist.com/middle-east-and-africa/2018/12/01/can-the-sea-of-galilee-be-saved.

2. 이스라엘에서 연 강수량이 200mm 미만인 곳은 일반적으로 농사와 목축에 의존할 수 없는 지역으로 분류되며, 그 경계에 브엘세바가 있다. 참고, Carl G. Rasmussen, *Zondervan Atlas of the Bible*, Rev. ed. Grand Rapids: Zondervan, 2010, 30.

11장

1. B'TSELEM, "Um al-Qubah area, Jordan Valley: Settlers graze cattle in cultivated Palestinian fields and trample crops with ATV," May 18, 2022, https://www.btselem.org/video/20220518_settlers_graze_cattle_herd_in_cultivated_palestinian_fields_in_jordan_valley#full.

2. B'TSELEM, "Khallet Makhul, Jordan Valley: Settlers threaten

shepherds and patrol among community homes at night," Nov 10, 2022, https://www.btselem.org/video/20221110_settlers_threaten_shepherds_and_patrol_among_community_homes_at_night_in_khallet_makhul#full.

12장

1. E. A. Speiser, "New Kirkuk Documents Relating to Family Laws," *AASOR* 10 (1928-1929), 31-33.

13장

1. Judy Maltz, "Israel's Next Religion and State Battle: Who Can Get a Free Circumcision?" *Haaretz*, Feb 8, 2022, https://www.haaretz.com/israel-news/2022-02-08/ty-article/.premium/israels-next-religion-and-state-battle-who-can-get-a-free-circumcision/0000017f-e5ad-d97e-a37f-f7edae5c0000.
2. E. Fox, *In the Beginning: A New English Rendition of the Book of Genesis*. New York: Schocken, 1983, 70.
3. 독일 괴팅켄 박물관(Städtisches Museum Gättingen) 소장. 출처: Wikimedia 공개 자료.

14장

1. 구약에서 '의인'이란 하나님께서 주신 율법을 준수하며 사는 사람을 뜻한다.

15장

1. Martha T. Roth, *Law Collections from Mesopotamia and Asia Minor*, 2nd ed. Atlanta: SBL, 1997, 160.
2. 출처: Staatliche Museen zu Berlin, Vorderasiatisches Museum. 사진: Olaf M. Teßmer.

17장

1. Nahum M. Sarna, *Genesis*, JPSTC. Philadelphia: Jewish Publication Society, 1989, 157.
2. 개역개정은 레위기에서 이를 "거류민이요 동거하는 자"라고 번역했다.

18장

1. *ANET*[3] 298-300.
2. *ANET*[3] 291.
3. *ANET*[3] 298-300.
4. *ANET*[3] 283.
5. *ANET*[3] 283.
6. *ANET*[3] 284.
7. *ANET*[3] 306.

19장

1. Duane A. Garrett, *Rethinking Genesis: The Sources and Authorship of the First Book of the Pentateuch*. Fearn: Christian Focus Publications, 2000, 134.

20장

1. 야곱이 형 에서에 대해 느낀 '두려움'은 시간이 지나도 없어지지 않았다. "야곱이 심히 두렵고 답답하여"(창 32:7).
2. 요한복음 1장 51절의 "오르락내리락"함 역시 문헌과 함께 그 의미를 살필 수 있다. 다음을 참조하라: Hugo Odeberg, *The Fourth Gospel: Interpreted in Its Relation to Contemporaneous Religious Currents in Palestine and the Helenistic-Oriental World*. Uppsala: Almqvist & Wiksells Boktryckeri-A.-B., 1929, 33-42.

21장

1. 개역개정은 '아우'가 아닌 "생질"로 번역했으나 원문에 사용된 히브리어 단어는 '형, 아우'를 가리키는 '아흐'(אח)다. '아흐'(אח)의 의미는 기본적으로 '형제'이지만 확장하면 '인척' '동족' '동료' 등의 뜻도 있다. 그래서 아브람이 롯을 '아흐'로 부를 수 있었고(창 14:14) 라반 역시 야곱을 '아흐'로 부를 수 있었다. 그 포괄적인 의미에 대한 상세한 내용은 DCH의 אָח I 항목을 보라.

22장

1. '보다'는 뜻의 동사인 '라아'(ראה)의 목적어를 비분리전치사 '베'(ב)가 꾸미는 형태다. 자세한 사항은 HALOT의 "ראה" 항목 qal-7. 부분을 참조하라.

2. 개역개정은 세겜이 추장이었다고 옮겼다.

3. Ilan Peled, *Law and Gender in the Ancient Near East and the Hebrew Bible*. London; New York: Routledge, 2020, 197.

4. Tikva Frymer-Kensky, "Virginity in the Bible," in *Gender and Law in the Hebrew Bible and the Ancient Near East*, ed. Victor H. Matthews, Bernard M. Levinson and Tikva Frymer-Kensky, JSOTSS 262. Sheffield: Sheffield Academic Press, 1998, 86-91.

24장

1. Benjamin Stanhope, "First Temple Hebrew Seals and Bullae Identifying Biblical Persons: A Study of their Iconographic and Historical Significance" MA thesis, Hamburg University, 2019, Fig. 10.

2. 구약성경에서 "후일"(אחרית הימים, 아하릴 하야밈)이 갖는 종말론적인 의미에 관하여는 다음을 참조하라. 그레고리 K. 빌, 《신약성경신학: 성경신학적 종말론적 주제별 연구 방식》, 김귀탁 역. 서울: 부흥과개혁사, 2013, 104-131.

약어 목록

AASOR	*The Annual of the American Schools of Oriental Research*
Abraham	*On the Life of Abraham*
ANET[3]	*Ancient Near Eastern Texts Relating to the Old Testament, 3rd ed.*
Ant.	*Jewish Antiquities*
CDC	*The Dictionary of Classical Hebrew*
CUSAS	Cornell University Studies in Assyriology and Sumerology
HALOT	*The Hebrew and Aramaic Lexicon of the Old Testament*
JPSTC	The JPS Torah Commentary
JSOTSS	Journal for the Study of the Old Testament Supplement Series
JTS	*Journal of Theological Studies*
LCL	Loeb Classical Library
NAC	The New American Commentary
Gen. Rab.	Genesis Rabbah
SBL	Society of Biblical Literature
SNTSMS	Society for New Testament Studies Monograph Series
WTJ	*The Westminster Theological Journal*

참고문헌

빌, 그레고리. 《신약성경신학: 성경신학적, 종말론적, 주제별 연구 방식》, 김귀탁 역. 서울: 부흥과개혁사, 2013.

스미스, P. D. 《도시의 탄생》, 엄성수 역. 고양시: 옥당, 2015.

B'TSELEM. "Khallet Makhul, Jordan Valley: Settlers threaten shepherds and patrol among community homes at night." Nov 10, 2022. https://www.btselem.org/video/20221110_settlers_threaten_shepherds_and_patrol_among_community_homes_at_night_in_khallet_makhul#full.

B'TSELEM. "Um al-Qubah area, Jordan Valley: Settlers graze cattle in cultivated Palestinian fields and trample crops with ATV." May 18, 2022. https://www.btselem.org/video/20220518_settlers_graze_cattle_herd_in_cultivated_palestinian_fields_in_jordan_valley#full.

Batto, Bernard F. "The sleeping god: an ancient Near Eastern motif of divine sovereignty." *Biblica* 68, no. 2, 1987, 153-177.

Cassuto, U., *A Commentary on the Book of Exodus*. Translated by Israel Abrahams. Jerusalem: Magnes Press, 1967.

Cassuto, U., *A Commentary on the Book of Genesis. Part I: From Adam to Noah, Genesis I-VI 8*. Translated by Israel Abrahams. Jerusalem: The Magnes Press, 1961.

Clines, David J. A., ed., *The Dictionary of Classical Hebrew*. 9 vols. Sheffield: Sheffield Academic Press; Sheffield Phoenix Press, 1993-2016.

Duvall, J. Scott, and J. Daniel Hays. *Grasping God's Word: A Hands-On Approach to Reading, Interpreting, and Applying the Bible*. 4th ed. Grand

Rapids: Zondervan Academic, 2020.

Economist, The. "Can the Sea of Galilee be saved?" Dec 1, 2018. https://www.economist.com/middle-east-and-africa/2018/12/01/can-the-sea-of-galilee-be-saved.

Fox, E., *In the Beginning: A New English Rendition of the Book of Genesis*. New York: Schocken, 1983.

Frymer-Kensky, Tikva., "Virginity in the Bible." Pages 79–96 in *Gender and Law in the Hebrew Bible and the Ancient Near East*. Edited by Victor H. Matthews, Bernard M. Levinson and Tikva Frymer-Kensky. JSOTSS 262. Sheffield: Sheffield Academic Press, 1998.

Garrett, Duane A., *Rethinking Genesis: The Sources and Authorship of the First Book of the Pentateuch* Fearn: Christian Focus Publications, 2000.

George, A. R., "A Stele of Nebuchadnezzar II." Pages 153–169 in *Cuneiform Royal Inscriptions and Related Texts in the Schøyen Collection*. CUSAS 17. Edited by A. R. George. Bethesda: CDL Press, 2011.

Hart, George, *The Routledge Dictionary of Egyptian Gods and Goddesses*. 2nd ed. London: Routledge, 2005.

Heidel, Alexander. *The Babylonian Genesis: The Story of Creation.* 2nd ed. Chicago: The University of Chicago Press, 1951.

Johnson, M. D., *The Purpose of the Biblical Genealogies: With Special Reference to the Setting of the Genealogies of Jesus*. SNTSMS 8. Cambridge: Cambridge University Press, 1969.

Josephus. Translated by Henry St. J. Thackeray et al. 10 vols. LCL. Cambridge: Harvard University Press, 1926–1965.

Kline, Meredith G., "Divine kingship and Genesis 6:1–4," *WTJ* 24, no.

2 (1962): 187-204.

Koehler, Ludwig, and Walter Baumgartner, *The Hebrew and Aramaic Lexicon of the Old Testament*. 5 vols. Translated under the supervision of M. E. J. Richardson. Leiden: BRILL, 1994-2000.

Lambert, W. G., "A New Look at the Babylonian Background of Genesis." *JTS* 16 (1965): 287 - 300.

Maltz, Judy, "Israel's Next Religion and State Battle: Who Can Get a Free Circumcision?" *Haaretz*, Feb 8, 2022. https://www.haaretz.com/israel-news/2022-02-08/ty-article/.premium/israels-next-religion-and-state-battle-who-can-get-a-free-circumcision/0000017f-e5ad-d97e-a37f-f7edae5c0000.

Odeberg, Hugo, *The Fourth Gospel: Interpreted in Its Relation to Contemporaneous Religious Currents in Palestine and the Helenistic-Oriental World*. Uppsala: Almqvist & Wiksells Boktryckeri-A.- B., 1929.

Peled, Ilan, *Law and Gender in the Ancient Near East and the Hebrew Bible*. London; New York: Routledge, 2020.

Philo, *On the Life of Abraham*. Translated by F. H. Colson. LCL. Cambridge: Harvard University Press, 1935.

Pritchard, James B., *Ancient Near Eastern Texts Relating to the Old Testament*. 3rd ed. with Supplement. Princeton: Princeton University Press, 1969.

Ramazzotti, Marco, "The Iraqi-Italian Archaeological Mission at the Seven Mounds of Eridu (AMEr)." *Scienze dell'Antichità* 21, no. 1 (2015): 3-29.

Rasmussen, Carl G., *Zondervan Atlas of the Bible*. Rev. ed. Grand

Rapids: Zondervan, 2010.

Roth, Martha T., *Law Collections from Mesopotamia and Asia Minor*. 2nd ed. Atlanta: SBL, 1997.

Sarna, Nahum M., *Genesis*. JPSTC. Philadelphia: Jewish Publication Society, 1989.

Speiser, E. A., "New Kirkuk Documents Relating to Family Laws." *AASOR* 10, 1928–1929, 1–73.

Stanhope, Benjamin, "First Temple Hebrew Seals and Bullae Identifying Biblical Persons: A Study of their Iconographic and Historical Significance." MA thesis, Hamburg University, 2019.

Stuart, Douglas K. *Exodus*. NAC 2. Nashville: B&H, 2006.